Wellness for Active Senior
한국인의 간 디톡스

Wellness for Active Senior
한국인의 간 디톡스

 김경원 지음

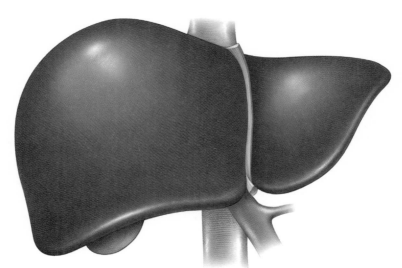

나무나무

Contents

프롤로그 간 건강, 절대 자신해서는 안 된다 8

1장 한국인의 간이 위험하다

한국인의 간 건강 실태보고서 12

인체 공장 '간'이 하는 일 16

간이 보내는 미세한 신호를 잘 챙겨라 25

한국인이 간을 망치는 11가지 이유 30

1 간을 쏘는 직격탄, 술 31

2 간조차 해독이 어려운 스트레스 35

3 간세포 공략하는 '간염 바이러스' 39

4 생활 독소가 간을 무너뜨린다 42

5 급격한 다이어트, 간세포 괴사 초래 45

6 간에 부담 주는 고칼로리 식단 48

7 비만과 당뇨, 당신의 간을 위협한다 52

8 간 건강을 무너뜨리는 수면 부족 54

9 덜 걷고 덜 움직이면 간은 나빠진다 57

10 검증 안 된 민간요법은 오히려 독 60

11 불필요한 약이 간을 해친다 63

2장 건강한 간에 디톡스를 허하라

음식, 독 아닌 약이 되게 먹기 69

생활 속 독소를 최소화하라 82

운동으로 간을 디톡스하자 92

스트레스 그때그때 풀어라 96

간을 지키는 5가지 음주법 104

다이어트할 때 간 디톡스까지 챙겨라 113

간 건강기능식품 현명하게 이용하기 120

미니 인터뷰 이승기 서울대 약학대학 명예교수
알로에, 건강한 간세포를 만든다 122

간장약으로 간의 해독력을 높여라 139

인터뷰 이윤경 차움 디톡스슬리밍센터 교수
간 디톡스, 이렇게 하자 142

3장 이슈로 알아보는 간질환의 모든 것

과유불급이 부른 불씨 지방간 154

간에 생기는 염증, 목숨을 앗아간다 166

간경변에도 희망은 있다 185

완치율 낮은 간암 생존 비법을 찾아라 197

4장 망가진 간, 디톡스가 필요해

병든 간, 이렇게 디톡스 하나 208

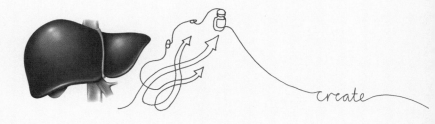

create

간 건강, 절대 자신해서는 안 된다

한국인의 간은 부실하다. 하지만 무슨 이유에서인지 알 수 없으나 많은 한국인은 자신의 간 건강을 자신한다. 한 시간마다 두명의 한국인이 간질환으로 죽는데도 말이다. 간암으로 인해 사망하는 한국인은 한 해 약 1만6000여명에 이른다. 간질환으로 치료받고 있는 한국인은 한 해 150만명에 육박한다.

간질환 신약을 개발하는 다국적 제약사는 임상시험 대상에 한국인을 빼놓지 않는다. 부실한 한국인의 간을 더 이상 방치해서는 안 된다. 백신 개발로 한국인의 B형 간염 바이러스 보균율이 낮아지면서 전반적으로 간질환이 줄고 있다는 최근 통계 발표에 방심해서도 안 된다. 간 건강을 자신하다가 한 순간 무너지는 사람이 아직도 너무 많다.

과거 한국인의 간 건강은 B형 간염 바이러스와 술에 의해 악화되는 것으로 생각됐다. 2015년 현재 한국인의 간 건강을 위협하는 요인은 B형 간염 바이러스와 술만이 아니다. 경제적으로 풍요로워지고, 첨단기술의 개발로 지구촌이라는 말이 현실이 되면서 한국인의 간을 위협하는 요인은 그만큼 다양해졌다.

B형 간염 바이러스와 술 외에도 약물, 검증 안 된 건강식품, 고칼로리 식단 섭취를 비롯해, 미세먼지 · 식품첨가물질 같은 생활 독소, 비만 · 당뇨병 같은 대사성질환, 스트레스, 운동 부족, 수면 부족 같은 생활습관 등 여러 요인이 한국인의 간 건강을 위협하고 있다. 다행인 것은 의학의 발달로 간을 건강하게 지킬 수 있는 방법 역시 현재 적지 않게 밝혀져 있다는 사실이다.

이 책은 한국인의 간 건강을 위협하는 요소와 한국인의 간 건강을 지키는 해법을 담고 있다. 간 건강을 지키는 해법을 디톡스(Detox−Detoxification)라 표현한 것은 간이 해독 장기이기 때문만이 아니다. 넓은 의미로 심신을 건강하게 한다는 뜻으로 사용했다. 차움 디톡스슬리밍센터 이윤경 교수가 알려준 '건강한 간을 지키는 간 디톡스 방법'은 지금 당장 생활 속에서 실천할 수 있는 프로그램이다.

이 책은 '액티브 시니어를 위한 웰니스' 시리즈의 두 번째 결과물이다. 경제적, 사회적, 신체적으로 경계에 선 40대 이후 액티브 시니어를 위한 건강백서 시리즈의 하나로 기획돼 나왔지만 20~30대부터 실천한다면 더 바랄 나위 없다.

2015년 11월 김경원

1장

한국인의 간이
위험하다

한국인의 간 건강 실태보고서

'OECD 국가 중 간암 발생 1위'

한때 '간염 왕국'이라는 오명을 뒤집어썼던 우리나라의 간 건강 현주소는 아직도 부끄러운 수준이다.

세계보건기구에 따르면, 전 세계에서 매년 56만여 명의 간암 환자가 발생하는데, 이 중 우리나라 간암 환자만 1만6000여명에 달한다고 한다. OECD 국가 중 한국의 간암 발생률은 단연 1위다. 인구 10만 명당 한국인은 23.5명이 간암 진단을 받는다. 일본인은 11.2명, 미국인은 4.5명가량이 간암 진단을 받는다고 하니, 한국인의 간암 발병률이 얼마나 높은지 단박에 알 수 있다.

비단 간암만이 아니다. 간질환은 보통 지방간이나 간염에서 시작해 간경변을 거쳐 간암으로 진행한다. 간암을 앓는 한국인이 이만큼 많다는 것은 결국 지방간, 간염, 간경변을 앓는 한국인 역시 많다는 의미이기도 하다. 혹자는 B형 간염 백신이 나온 뒤 간암을 비롯해 간질환을 앓는 사람이 줄고 있다는 통계가 잇따르고 있는데 무슨 소리냐고 할지 모른다. 하지만 과식, 폭음, 운동 부족 같은 나쁜 생활습관에 길들여진 한국인의 간 건강 신호등에는 다시 빨간불이 켜지고 있다. 최근 한국인 10명 중 3명이 폭음, 과식, 기름진 음식 섭취, 운동 부족, 비만, 당뇨병 등으로 지방간을 앓는다는 보고가 나온 바 있다. 이런 현실을 감안할 때, 한국인의 간 건강은 결코 안심할 단계가 아니다.

'한국인이 흔히 걸리는 11가지 만성질환'에 대한 2013년 한 해 병원 진료 환자 수를 추계한 결과에서도 우리는 이 사실을 명확히 알 수 있다. 이 11가지 질환 가운데 간질환을 앓아 병원을 찾는 경우가 5번째로 많았다. 2013년 한 해 간질환으로 병원을 찾은 환자만 149만7000명이었던 것이다. 고혈압 환자가 551만명(1위), 당뇨병 환자가 232만 명(4위)인 것과 비교해볼 때, 간질환을 결코 간과할 수 없는 수준인 것이다.(건강보험통계연보 자료)

한국인의 간이 얼마나 부실한지는 한국인의 사망 통계에서 더 극명하게 드러난다. 통계청의 2013년 사망 통계에 따르면, 매일 50명의 한국인이 간질환 탓으로 죽는다.

30분마다 1명꼴로 한국인이 간염, 간경변, 간암 같은 간질환으로 사망에 이르는 것이다. 한 해 1만8300여 명에 달하는 한국인이 간질환 탓에 죽는 것은 비단 어제 오늘 일이 아니다.

한국인 가운데 간 건강 수준이 최악인 사람은 40대 남성이다. 2012년 기준 인구 10만 명당 간암 진단을 받은 환자는 한국 남성이 34.3명으로, 한국 여성(9.5명)에 비해 3배 이상 많았고, 일본 남성(14.6명), 미국 남성(9.8명)에 비해서도 2~3배 이상이었다. 40대 이상 한국 남성 사망 원인의 1위는 암인데, 남성의 암 사망 원인 중 간암은 폐암에 이어 2번째를 차지한다. '간암을 제외한 간질환'도 2013년 기준 전체 남성 사망 원인의 7위였고, 40대 남성 사망 원인에서는 3위였다. 40대의 경우 '간암을 포함한 간질환'에 의한 사망률은 인구 10만 명당 26.9명으로, 모든 암에 의한 사망률에 이어 2위다.

한국인의 간 건강은 지금 기로에 서있다. 리서치기관 마크로밀 코리아가 한국인 남녀 1000명에게 간 건강에 대한 관심과 노력 관련 설문조사를 한 적이 있다. 이 조사에 따르면 '평소 간 건강에 어느 정도 관심을 갖고 노력한다'는 한국인은 28.2%에 불과했다. '간 기능을 지키는 것이 내 몸에 꼭 필요하다'고 진단한 한국인은 70.3%인데 비해 간 건강을 위한 노력은 잘 하지 않는 것이다.

위기는 기회다. 위기를 벗 삼아 간 건강에 좋은 생활습관을 들이고, 간염 바이러스에 대비하며, 간질환을 초래, 악화하는 생활습관을 바꾸면 간은 지금보다 더 튼튼해질 수 있다.

설령 지금 간질환을 앓는다 할지라도 혈액검사, 초음파, CT(컴퓨터단층촬영) 같은 검사를 주기적으로 함으로써 큰 위험을 조기에 막을 수 있다. 간질환 치료에도 희망이 보인다. 간질환의 주요 원인인 간염에 대한 백신과 치료제가 나온 지 이미 오래다. 더구나 부작용이 적고 치료 효과가 높은 간염 치료제가 계속 나오고 있다. 간염 바이러스에 의해 간이 딱딱하게 굳어도 다시 말랑하게 할 만큼 효과가 탁월하다. 간암 검진과 치료 기술도 엄청나게 발전했다. 그 덕분에 1993년에서 1995년 사이 10.7%에 불과했던 간암 완치율이 2008년에서 2012년 사이 30.1%로 크게 높아졌다.

그러나 아무리 소방시스템이 잘 갖춰져 있어도 애초에 불이 나지 않게 하느니만 못하다. 한국인의 간 건강에 불을 내는 것은 무엇인지, 그 불씨를 키우지 않기 위해 무엇을 해야 할지 앞으로 자세히 알아볼 생각이다. 그 전에 대체 간이 무슨 일을 하는지부터 살펴보자.

인체 공장 '간'이 하는 일

생명 유지에 필수적인 장기하면 십중팔구 뇌와 심장을 떠올린다. 간을 떠올리는 사람은 거의 없다. 하지만 '간'은 '뇌'와 '심장' 못지않은 인체 핵심 장기다. 제2의 심장이라 불릴 만큼 간은 생명 유지에 필수불가결하다. 실제 뇌와 심장이 망가졌을 때처럼, 간이 망가진 사람도 결국 사망에 이른다. 간이 대체 무슨 일을 하기에 이런 일이 벌어지는 것일까?

흔히 간을 '인체 공장'이라 부른다. 우리 몸에 필요한 대부분의 것이 간에서 만들어지고, 불필요한 대부분의 것이 간에서 처리되는 까닭이다. 지금까지 확인된 간의 화학공정만 500여 가지에 달하니 결코 틀린 말이 아니다. 핵심 장기인 만큼 간은 조금 특별한 구조와 능력도 지니고 있다. 다른 장기와 달리 간은 2개 혈관 시스템으로 혈액을 공급받는다. 재생 능력도 탁월해서

70%의 간을 잘라내도 시간이 지나면 원래 크기로 되돌아온다.

인체 동력 생산하는 '인체 공장' 간

간은 인체를 움직이는 거대한 공장이다. 우리 몸에서 연료공장, 해독공장, 화학공장 같은 역할을 하고, 저장고 역할까지 맡기 때문에 간이 없으면 우리는 살 수 없다. 인체 공장 '간'의 핵심 역할을 업무 별로 간단히 짚어본다.

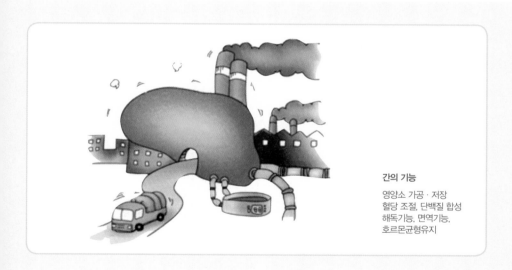

간의 기능
영양소 가공 · 저장
혈당 조절, 단백질 합성
해독기능, 면역기능,
호르몬균형유지

연료공장 '간'

간은 위장에서 영양분을 공급받아 인체 동력인 에너지를 생산하고, 생명 유지 활동에 필요한 효소, 혈액 성분, 콜레스테롤 등을 만들어내는 '연료공장'이다. 인체에 필요한 거의 대부분의 것이 간에서 만들어진다고 해도 과언이 아니다.

무엇보다 간은 탄수화물을 대사시켜 우리 몸이 생명 활동을 하게 하는 힘, '에너지'를 생산한다. 이 에너지 덕분에 심장이 뛰고, 폐에서 산소 교환이 일어나며, 혈액이 만들어진다. 인체 활력 스위치를 켜는 '효소'도 간에서 1000여종이나 생산된다. 혈액 내 단백질 성분의 90%도 간에서 만들어진다.

간이 망가지면 체력을 많이 쓰지 않아도 쉽게 피로하고 생명 유지마저 위태로워지며 피도 잘 나고 몸 여기저기에 멍도 쉽게 든다. 인체 가동에 꼭 필요한 효소, 혈액 성분, 콜레스테롤 등이 제대로 생산되지 않기 때문이다.

해독공장 '간'

우리 몸에 들어온 독소 4분의 3 이상이 간에서 해독된다. 우리 몸의 디톡스를 진정으로 원한다면 간 건강부터 챙겨야 한다는 말이 결코 틀리지 않다. 간에는 다른 장기에 없는 아주 특별한 세포가 있어서 간의 해독공정에 빛을 더하는데, '쿠퍼세포'가 그

것이다. 쿠퍼세포는 몸 밖에서 들어온 독소(세균, 바이러스, 이물질 등)를 99% 이상 잡아먹는다. 몸 안에서 만들어진 암세포까지 쿠퍼세포가 해치운다.

쿠퍼세포가 꿀꺽 삼켜서 우리 몸에서 독소를 해치울 때 간세포는 조금 다른 방법으로 해독공정을 한다. 산화, 환원 같은 화학공정으로 독소 물질을 물에 녹기 쉽게 만들어 담즙(쓸개즙), 소변으로 배출되게 하는 것이다. 알코올 같은 독소도, 단백질 공정 과정에서 만들어진 암모니아 같은 독소도 이 같은 화학공정으로 처리된다.

간이 나빠지면 해독 처리가 제대로 이뤄지지 않아서 우리 몸은 쉽사리 독소에 점령당한다. 그러면 인체 면역시스템이 붕괴되어 온갖 병이 우리에게 쉽게 달려든다.

화학공장 '간'

간은 지방 소화를 담당하는 담즙(쓸개즙)을 생산한다. 매일 1L가량의 담즙이 간에서 만들어지는데, 담즙 생산이 안 되면 우리는 기름진 음식을 아예 소화시킬 수 없다. 지용성 비타민 같은 우리 몸에 꼭 필요한 영양소도 얻지 못하게 된다.

간은 대사를 통해서 인체 호르몬 균형도 유지한다. 인체 내 필요 없는 호르몬의 활동력을 줄이고, 꼭 필요한 호르몬이라도 과도한 활동을 막는 일을 한다. 간이 나쁜 여성에게 생리 이상이 잘 초래되고, 간이 나쁜 남성에게 고환 위축, 여성형 유방 같은 문제가 잘 나타나는데, 반대 성에게 나타나는 불필요한 성호르몬 처리를 제대로 못했기 때문이다. 간이 나쁘면 저혈당도 잘 나타나는데, 혈당을 처리하는 호르몬 '인슐린'을 간에서 잘 분해하지 못하기 때문이다.

저장고 '간'

간은 우리 몸에 들어온 필요 이상의 영양소를 저장하는 일도 한다. 간에 저장하기 벅찰 만큼 과한 영양소가 몸 안에 들어왔을 때, 간은 지방으로 바꿔서 온몸 구석구석에 지방으로 적립해두는 공정도 한다. 우리 몸에 꼭 필요한 비타민과 무기질 일부도 간이 저장해 둔다.

한두 끼쯤 굶어도 평소와 다름없이 생활할 수 있고, 며칠을 굶어도 죽지 않고 살 수 있는 것은 간이 저장고 역할을 잘 완수한 덕분이다. 간은 위장기관에서 영양분을 공급받지 못하면 먼저 간 내에 저장해둔 글리코겐을 빼내 당으로 만들어 쓴다. 그래도 인체 연료 에너지가 충당되지 않으면, 간은 몸 구석구석에 저장해둔 지방을 찾아와서 직접 분해하여 에너지를 만들어서 쓴다.

간이 망가지면 당연히 이런 저장 기능도 떨어진다. 간이 병든 사람에게 저혈당이 잘 오는 이유는 인슐린 문제만이 아니다. 간 자체의 저장고 면적은 줄고 지방을 분해하여 당을 꺼내 쓰는 능력이 떨어진 까닭에 몇 끼를 굶는 것만으로 사망할 수도 있게 된다.

간이 가진 3가지 특별한 점

간은 인체 핵심 장기인 만큼 다른 장기와 다소 남다른 면이 있다. 우선 간은 인체 내 다른 어떤 장기보다 크다. 그리고 인체 모든 장기는 동맥을 통해서만 혈액 공급을 받는데, 간만 예외적으로 문맥이라는 특별한 혈관에서 혈액 공급을 받는다. 또한 간은 인체 내에서 재생력이 가장 뛰어난 장기여서 '재생의 장기'로 불리기도 한다. 간이 지닌 3가지 특별한 점에는 어떤 의미가 있는지 알아본다.

가장 큰 장기 '간'

둥글한 직삼각형 모양으로 오른쪽 윗배에 자리한 간은 인체 컨트롤러인 뇌와 함께 우리 몸에서 가장 큰 장기로 꼽힌다. 유전학적으로 생명 유지에 필요가 없는 신체 부위는 도태되어 작아지거나 없어진다. 하지만 생명 유지에 필수불가결한 장기는 그 반대의 길을 걷는다. 간이 뇌와 함께 인체에서 가장 큰 장기라는 사실은 간이 인체에서 얼마나 중요한 역할을 맡는지 알 수 있는 대목이다. 덕분에 간은 전체의 약 30% 정도 남아 있어도 건강에 아무런 문제없이 살 수 있다.

인체의 핵심 장기는 모두 단단한 뼈의 보호를 받는데, 간도 마찬가지다. 뇌가 두개골의 보호를 받고 심장이 왼쪽 갈비뼈의 보호를 받듯, 간도 오른쪽 갈비뼈의 비호를 받는다.

2중 혈관 시스템 갖춘 '간'

간의 혈액 공급 체계는 아주 특별하다. 다른 장기와 달리 특별한 혈관이 하나 더 있어 엄청난 양의 혈액을 공급받는다. 모든 장기는 동맥에서만 혈액 공급을 받는데, 간은 동맥과 함께 문맥이라는 특별한 혈관을 통해 혈액 공급을 추가로 받는 것이다. 간에서 동맥은 산소 공급을 주로 맡고 문맥은 영양 공급을 주로 맡는다. 문맥을 통해 간에 유입되는 혈액이 동맥을 통해 간에 유입되는 혈액보다 많다.

간의 무게는 체중의 약 50분의 1(1~1.5kg가량)에 불과하지만, 몸속 전체 혈액의 약 10분의 1이 간에 들어차있다. 간이 다른 장기와 확연히 차이가 날만큼 붉은 빛을 띠는 이유다. 간에는 화학공정을 수행하는 2500억~3000억 개의 간세포가 있는데, 직경 15~30미크론(1미크론은 1000분의 1㎜)의 간세포들은 혈액 속에 둥둥 떠 있는 것처럼 배열되어 있다.

재생의 장기 '간'

간은 '재생의 장기'라 불릴 만큼 재생 능력이 탁월하다. 그리스 신화에도 간의 재생 능력을 알려주는 이야기가 하나 있다. 바로 신에게 불을 훔친 죄로 절벽에 묶여서 매일 같이 독수리에게 간을 쪼이는 형벌을 받는 프로메테우스 신화가 그것이다. 하룻밤이면 간이 다시 재생되는 덕분에 프로메테우스의 고통스런 형벌은 영원히 끝나지 않고 되풀이 된다. 이 신화에 담겨진 간의 재생 능력에 대한 이야기는 터무니없는 소리가 아니다. 간을 3분의 2가량 떼어내도 시간이 지나면 원래대로 복구될 만큼 간의 재생 능력이 뛰어나다는 사실은 현대의학에서 정설이 된지 오래다. 그래서 살아있는 인간의 간을 잘라내서 다른 사람의 간에 붙여주는 간이식 수술이 가능한 것이다. 간은 탁월한 재생 능력 덕분에 웬만한 상처는 스스로 치유한다. 뼈 조직에 붙어있는 연골처럼 재생 능력이 떨어지는 인체 구조물은 상처가 나도 복구가 잘 되지 않지만, 간은 복구될 가능성이 그 어느 장기보다 높다. 물론 계속 간이 조금씩 손상되어 구조적 변화가 오면 재생

력이 뛰어난 간도 원상회복이 힘들어진다. 이때는 철저한 관리
와 치료로 더 이상의 구조적 변화가 일어나지 않게 막고, 주변
의 건강한 간조직의 재생 능력을 도와서 간 기능을 정상 수준으
로 유지시켜야 한다.

간이 보내는 미세한 신호를 잘 챙겨라

"깨달음은 항상 늦다."

인생길에서 우리가 문득 마주하는 말이다. 건강도 예외가 아니다. 건강을 잃은 뒤에야 비로소 우리는 건강의 소중함을 절실히 깨닫는다.

특히 간은 우리 몸의 장기 중 깨달음이 늦을 수밖에 없는 장기다. 신이 간에게 통증을 느끼는 신경을 허락하지 않았기 때문이다.

몸 어딘가에 문제가 생겼을 때, 우리가 확실히 알아챌 수 있는 신호가 통증이다. 하지만 간에는 통증 신경망이 깔려있지 않아서 우리가 아예 통증을 느끼지 못한다. 간에 병이 생기고 심지어 병이 상당히 진행되었어도 우리는 간이 아픈지도 모르고 계속 간을 무리하게 쓰게 되는 것이다.

간은 아플 때도, 무리한 일거리로 지칠 때도 감내하고 또 감내하며 일하는 바보 같은 장기다. 간은 기능이 원래의 15~20%만 남겨질 때까지 망가져도 몸에 아무런 신호를 보내지 않는다. 간이 '침묵의 장기'라 불리는 이유다.

우리 몸의 장기가 침묵하는 것은 결코 좋은 일이 아니다. 우리 몸 어딘가 곪고 있는데, 표시가 전혀 나지 않는다고 생각해 보라. 방치하다가 삽시간에 염증이 온몸에 퍼져 패혈증으로 사망할 수도 있다. 항생제를 써서 염증을 다스릴 기회조차 없이 생이 끝날 수도 있는 것이다. 다리가 빨갛게 퉁퉁 부어오르는 봉와직염처럼 뚜렷한 표시가 나타나면 우리는 초기에 패혈증을 막을 수 있다. 하지만 간처럼 침묵하면 우리는 많은 기회를 잃고 결국 목숨을 잃을 수 있다.

간 건강을 우리가 미리미리 챙겨야 하는 이유가 여기에 있다. 미리 간 건강을 챙길 여력이 없다면 적어도 간이 보내는 이상 신호를 초기에 감지할 방법이라도 알아두자.

간이 보내는 이상 신호

간은 '침묵의 장기'이긴 하다. 하지만, 끝까지 완벽하게 침묵을 지키는 것은 아니다. 간 건강의 이상 여부를 미리 눈치 챌 실마리가 전혀 없는 것도 아니다.

간질환 가족력이나 과식, 과로, 스트레스 같은 간 건강 라이프스타일, 간질환 위험을 높이는 비만, 대사증후군, 이상지질혈증, 당뇨병 같은 질환 여부, 간염 바이러스 보균 여부를 비롯해 간에 이상이 생길 때 나타나는 미세한 증상이 우리에게 분명 귀띔을 한다.

간에 이상이 있으면 먼저 몸이 피로하다. 피로는 현대인의 곁을 맴도는 가장 흔한 증상이기 때문에 변별력이 떨어지기는 한다. 하지만 푹 쉬고 잘 먹고 잘 자는데도 이유 없이 피로가 지속되면 간 건강에 비상등이 켜진 것이라 생각해볼 필요가 있다.

간 건강 이상을 확실히 나타내는 증상도 있다. 바로 황달이다. 황달은 눈동자의 흰자위에 가장 먼저 나타나기 때문에, 눈동자가 노랗게 변하면 바로 병원에서 혈액검사를 해보는 것이 좋다. 황달은 전신의 피부에도 나타난다. 소변도 갈색으로 짙어진다. 반면 대변은 희어진다. 간의 정상 처리 과정을 통해 장으로 넘어와야 할 빌리루빈이 혈액을 통해 다른 곳으로 가면서 정작 장에는 오지 못하기 때문이다.

간이 망가지면 소화가 잘 안 되고, 구역질이 나거나 식욕이 떨어지기도 한다. 병이 심하면 간이 부어오르면서 오른쪽 갈비뼈 아래로 간이 만져질 수도 있다. 간이 부으면 오른쪽 윗배에 통증이 느껴질 수도 있다.

피가 잘 나고 지혈이 잘 되지 않을 때도 간 건강 문제를 의심해봐야 한다. 간이 혈액응고물질을 제대로 생산하지 못할 만큼 망가진 것일 수 있기 때문이다. 가슴 부위에 거미 모양의 붉은 반점이 생길 수도 있다. 여성은 안 나던 털이 갑자기 날 수도 있고, 남성의 경우 여성처럼 가슴이 커질 수도 있다. 간에서 몸에 필요한 단백질과 호르몬을 충분히 만들지 못하고, 불필요한 호르몬을 제어하지 못하기 때문이다.

간에 문제가 생기면 몸이 퉁퉁 부을 수도 있고, 배에 물이 차서 배꼽이 튀어나올 수도 있다. 간이 망가지면 혈관 내 삼투압을 조절하는 단백질 성분(알부민)을 만들어내지 못하기 때문에, 혈관 내의 수분이 혈관 밖으로 잘 빠져나간다. 거기다 간이 딱딱하게 굳으면 피가 간에 들어가지 못해 복부 주변의 혈관 압력이 높아지면서 배에 물이 쉽게 찬다. 딱딱해진 간 때문에 위식도의 정맥마저 부어올라서 정맥류라는 시한폭탄이 생기기도 한다.

당신의 간이 걱정된다면 지금 바로 간질환 자가 검진을 해보자. 간질환 자가 검진표의 18가지 문항에서 3가지 이상에서 yes가 나온다면 병원에서 혈액검사를 받아볼 필요가 있다.

간질환 자가 검진표

문항	 대답 Yes	 No
1. 가족 중 간질환 환자가 있거나 간질환으로 숨진 사람이 있다.		
2. 과도한 음주를 지속하고 있다.		
3. 수혈을 받은 적이 있다.		
4. 당뇨병, 비만, 고혈압이 있다.		
5. 배에 가스가 자주 차고 소화가 안 된다.		
6. 입에서 역한 냄새가 계속 난다.		
7. 눈의 흰자위와 피부가 노랗게 변한다.		
8. 뚜렷한 이유 없이 피로감이 지속된다.		
9. 나이에 맞지 않게 여드름이 난다.		
10. 목이나 가슴, 배에 붉은 혈관이 보인다.		
11. 오른쪽 윗배에 통증이 느껴진다.		
12. 소화가 잘 안 되고 구역질이 자주 나타난다.		
13. 약한 자극에도 잇몸에 출혈이 생긴다.		
14. 이유없이 체중이 감소한다.		
15. 다리가 붓고 배가 불러진다.		
16. 오른쪽 어깨가 불편해서 돌아누워 잔다.		
17. 여성은 털이 많아진다.		
18. 남성은 성기능이 떨어지고 유두가 커진다.		

〈자료 출처=이대목동병원 간센터〉

한국인이 간을 망치는 11가지 이유

간을 망치는 독소는 한국인의 생활 속 곳곳에 있다. 술, 스트레스, 과로, 바이러스, 화학첨가물이 들어있는 조미료, 배기가스, 먼지, 검증되지 않은 건강식품과 민간요법, 약 등등 수없이 많은 것들이 일상에서 간을 공격한다. 무리한 체중 감량도 간에 독이 되고, 고칼로리 식사 또한 간에 독이 된다. 한국인에게 최근 늘고 있는 비만, 대사증후군, 이상지질혈증, 당뇨병 같은 대사성질환도 간에 독소로 작용하기는 마찬가지다.

간은 세포 재생 능력이 뛰어나기 때문에, 생활 독소로부터 망가진 간세포를 복구하는 능력도 탁월하다. 하지만 매일같이 다방면에서 공격이 계속되면 어느 순간 간도 백기를 들게 된다. 그 결과물이 지방간, 간염, 간경변, 간암 등이다.

생활 속에서 간을 망치는 독소를 제대로 알지 못하면 한국인의 간 건강은 계속 위협받을 것이다. 소리 없이 한국인의 간을 망치는 간 독소에 대해 알아본다.

1. 간을 쏘는 직격탄, 술

한국인의 술사랑은 도를 넘어선다. 세계보건기구(WHO)에 따르면, 한국인의 연간 알코올 섭취량은 1인당 12.3L로, 아시아 국가 중 단연 1위다. 가깝고도 먼 나라 일본과 비교해도 큰 차이가 있다. 일본인의 연간 알코올 섭취량은 1인당 7.2L다. 중국인은 6.7L로, 한국인의 절반 수준이다.

문제는 한국인의 술사랑이 더 심해지는 추세라는 것이다. 국민건강통계에 따르면, 한국인의 하루 주류 섭취량은 1988년 48.9g에서 2012년 107.3g으로 2배 넘게 뛰었다. 다소비 식품 순위에서 맥주와 소주는 1998년에 각각 13위, 17위였으나 2012년에는 4위와 6위로 크게 뛰어 올랐다. 국내 주류 출고량도 계속 늘고 있다. 국세청 자료에 따르면, 국내산 주류의 출고량은 2005년 324만5000kL에서 2012년 378만4000kL로 50만kL 이상 늘었다. 수입산 주류의 출고량도 같은 기간 거의 2배 가까이 늘었다.

주류 출고 현황 (국세청)

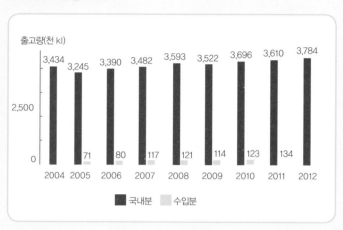

출고량(천 kl)

연도	국내분	수입분
2004	3,434	
2005	3,245	71
2006	3,390	80
2007	3,482	117
2008	3,593	121
2009	3,522	114
2010	3,696	123
2011	3,610	134
2012	3,784	

■ 국내분 ■ 수입분

한국인의 술사랑 때문에 한국인의 간은 시름이 깊다. 술은 간에 직격탄이기 때문이다. 입으로 들어간 술은 위장에서 흡수되어 대부분 간으로 들어가서 처리된다. 물론 알코올은 폐를 통해 호흡으로 배출되기도 하고, 콩팥(신장)을 통해 소변으로 나가기도 하며, 피부를 통해 몸 밖으로 배출되기도 한다. 하지만 그 양은 흡수된 알코올의 10%에도 못 미친다. 알코올의 90~98%는 결국 간에서 분해되고 해독된다.

알코올은 그 자체가 간세포를 손상시키는 독성 물질이다. 알코올이 간에서 분해되는 과정에서 만들어지는 아세트알데히드, 내독소 같은 물질도 간세포에 독성을 띄긴 마찬가지다. 대표적으로 아세트알데히드는 세포의 정상 기능을 방해하고 세포를 일찍 죽게 하며 세포 손상 물질을 만들게 유도한다. 알코올은 우리 몸에서 발암물질을 활성화시킨다. 우리 몸의 활력을 좌우하는 효소가 제 역할을 하지 못하게도 한다. 알코올 분해 효소가 제구실을 못할 때는 아세트알데히드를 해독하는데 더 오랜 시간이 걸리기 때문에 간 손상은 더욱 커진다.

알코올 분해 효소가 적은 여성이 남성보다 술에 약한 이유도, 똑같은 양의 알코올을 섭취해도 간에 타격이 더 큰 것도 이런 영향이 있다.

무엇보다 간이 술에 얼마나 큰 타격을 받느냐는 섭취한 알코올 양에 좌우된다. 대한간학회 자료에 따르면, 간질환을 앓는 사람의 평균 한 달 음주량은 소주 7.25병, 간에 병이 없는 사람의 평균 한 달 음주량은 소주 4.25병이었다. 간질환을 앓는 사람은 간질환이 없는 사람에 비해 약 1.6배의 알코올을 더 마시는 것이다. 또한 간에서 한 시간 내 처리할 수 있는 알코올 양은 체중 1kg 당 0.1g 정도로 정해져 있다. 50kg의 사람이 한 시간에 분해할 수 있는 알코올 양은 5g으로, 소주 반 잔 정도밖에 되지 않는다. 주량이 센지 약한지는 간 건강에 중요하지 않다.

개인의 주량은 알코올 분해 효소의 양에 달려있을 뿐, 알코올이 분해되는 동안 간세포는 정확히 그만큼 비례해 파괴되는 까닭이다.

술을 많이 마시면 마실수록 알코올과 아세트알데히드 같은 독소에 간이 노출되는 시간이 길어지기 때문에, 술을 많이 마실수록 간이 더 많이 손상될 수밖에 없다. 실제 알코올성 간질환은 하루 평균 음주량이 많을수록, 음주 기간이 길수록 발생 가능성이 올라간다. 성인 남성이 매일 같이 40~80g(소주 반병에서 한 병 가량)의 알코올을 섭취하면 알코올성 간질환이 발생할 가능성이 높다. 여성은 남성의 절반 정도의 알코올 섭취로도 알코올성 간질환이 발생할 수 있다.

알코올성 간질환을 앓는 한국인은 적지 않다. 국민건강보험공단 자료에 따르면, 2011년 한 해 알코올성 간질환으로 병원 진료를 받은 사람만 14만7323명에 달했다. 알코올성 지방간 환자가 4만5504명, 알코올성 간염 환자가 3만6511명, 알코올성 간경변 환자가 2만1356명이었고, 그 외의 알코올성 간부전, 간섬유증 같은 알코올성 간질환을 앓는 사람이 5만6609명에 달했다.

술을 많이 마시는 30~40대 직장인 상당수가 병원을 잘 찾지 않는다. 간은 80% 넘게 망가지지 않는 이상 특별한 신호를 보내지 않기 때문이다. 이런 한국인의 생활습관을 감안할 때, 알코올성 간질환을 앓는 한국인은 훨씬 더 많을 것으로 추정된다.

알코올로 인해 간이 망가지는 것을 막으려면 술을 줄이는 것 외에 방법이 없다. 초기 알코올성 지방간과 알코올성 간염은 금주만으로 좋아진다. 중증의 알코올성 간염이나 간경화일 때도 금주로 병의 진행을 막을 수 있다. 금주하면 간암 발생 위험이 반으로 준다.

이제 간을 쏘는 직격탄 술을 현명하게 마실 필요가 있다. 주종에 관계없이 하루 2잔 정도의 술에 만족하는 지혜와 일주일에 적어도 2~3일 금주하는 절제를 익힌다면 술에서 우리는 간을 충분히 지킬 수 있다.

2. 간조차 해독이 어려운 스트레스

한국인의 스트레스 수준은 아주 심각하다. 세계 1위라고 일컬어지는데, 결코 헛된 말이 아니다. 실제 미국, 일본, 한국, 프랑스, 중국 등 세계 12개국의 건강과 웰빙 지수를 조사한 필립스의 자료에 따르면, 한국인 스트레스 지수는 94로 12개국 중 1위다. 12개국 평균 스트레스 지수 63과 비교해도 엄청 스트레스 수준이 높다. 스트레스 지수를 각 나라 별로 따져봤을 때도 미국은 79, 중국은 69, 프랑스는 56으로 한국과 큰 차이를 보인다.

스트레스는 만병의 근원이라 불리는데, 간에도 해악이 크다. 과로 같은 신체적 스트레스도, 분노, 우울 같은 정신적 스트레스도 간 건강을 악화시키긴 마찬가지다.

어떤 형태이건 스트레스는, 몸 안에 활성산소 같은 해로운 물질이 더 잘 생기게 한다. 활성산소는 인체 내에서 산소를 통해 에너지를 얻는 과정에서 만들어지는 물질이다. 스트레스 상태에서는 우리 몸에 산화 스트레스가 증대되기 때문에 평소보다 더 많은 활성산소가 만들어진다. 활성산소는 혼자서는 불안정 상태이기 때문에 안정 상태가 되기 위해 정상 세포와 결합하는데, 이 과정에서 정상 세포가 손상된다. 간세포의 경우, 세포 내 각종 물질이 산화되어 기능이 떨어지고, 각종 염증유발 물질이 나와 간염을 촉발한다. 활성산소가 간세포의 DNA에 부착되면 간세포의 노화가 촉발되어 세포 재생 능력이 떨어진다. 간이 굳어지고 간암이 초래될 위험도 올라간다.

스트레스는 또 다른 만병의 근원인 비만을 촉발해서 간을 망친다. 스트레스 상태일 때는 에너지원으로 지방을 사용하는 기능이 저하되기 때문에 지방간이 유발되기 쉬워진다. 스트레스를 받을 때 나오는 스트레스 호르몬인 코티졸은 체내 단백질은 분해하고 지방은 몸에 축척되게 우리 몸에 신호를 보내 근육을 줄이고 지방을 늘린다. 또한 스트레스는 우리 몸에 남아도는 지방을 내장에 축적하는 호르몬의 분비를 촉진하는 까닭에 지방간을 유발한다.

스트레스는 간으로 가는 혈류를 감소시켜서 간이 쉬이 망가지게 한다. 뇌, 심장, 근육에 더 많은 혈액을 보내기 위해서 우리 몸이 저절로 간, 위장, 신장, 피부로 가는 혈액을 줄이는 것이다. 따라서 스트레스 상태일 때 산소와 영양분을 공급하는 혈류가 준만큼 간기능이 떨어질 수밖에 없다.

스트레스는 또한 인체의 면역력을 떨어뜨려서 간 건강에 해롭다. 스트레스로 면역력이 떨어지면 간은 독성 물질을 제대로 해독, 정화하지 못한다.

건강한 간을 위해서는 생활 속에서 스트레스를 줄여야 한다. 우선 과로를 피하기 위해 내 몸의 에너지를 분배할 줄 알아야 한다. 내 몸의 에너지가 100이라고 해서 100 모두를 다 쓰며 매일매일 달려서는 안 된다. 매일 100 모두를 써버리는 사람은 어느 순간 결국 탈진한다. 여유롭게 에너지를 남길 줄 알고, 때로는 일상에서 휴식으로 에너지를 보충할 줄 알아야 탈진증후군의 위험에서 벗어날 수 있다. 내 안의 에너지보다 많은 120의 에너지를 써야 할 때가 오면 운동, 영양보충, 틈새 휴식으로 에너지를 보충할 줄도 알아야 한다.

정신적 스트레스는 그때마다 해소하고 넘어간다. 무형의 독소라 불리는 정신적 스트레스가 쌓이고 쌓이면 결국 치유하기 힘든 병이 된다. 따라서 명상, 요가, 산책, 운동, 독서, 음악 감상, 취미생활 등으로 매일매일 스트레스를 날려버릴 필요가 있다.

스트레스 해소하려다 몸 안에 더 스트레스를 쌓이게 하는 행동은 간 건강을 위해 피해야 한다. 과식, 술, 담배 3가지가 대표적이다. 이 3가지 방법으로 스트레스를 풀면 불난 간에 기름을 붓는 격이 된다는 사실을 명심하자.

정신적 스트레스가 덜 쌓이는 생활습관도 기른다. 대표적인 것이 긍정적 언어 사용이다. '죽고 싶다' '짜증나' '화나' 같은 부정적 언어습관 대신 '좋다' '멋지다' '재밌다' 같은 긍정적 언어습관을 들이는 것만으로 항산화 효과를 볼 수 있다는 연세대 김재엽 교수팀의 연구 결과가 있다. 억지로라도 웃고, 매사 긍정적으로 생각하면 간을 스트레스로부터 지켜낼 수 있다.

3. 간세포 공략하는 '간염 바이러스'

한국인의 간을 망치는 결정타는 누가 뭐래도 간염 바이러스다.
간암 진단을 받은 한국인 10명 중 8명이 간염 바이러스 감염자
(보균자)일 만큼 결정적이다.

이제껏 확인된 간염 바이러스는 총 7종류다. A형 간염 바이
러스, B형 간염 바이러스, C형 간염 바이러스, D형 간염 바이
러스, E형 간염 바이러스, F형 간염 바이러스, G형 간염 바이러
스가 그것이다. 한국인을 괴롭히는 간염 바이러스는 B형 간염
바이러스와 C형 간염 바이러스가 대부분이다. 대한간학회 조사
에 따르면, 한국인 간암 환자의 74.2%가 B형 간염 바이러스 보
균자였고, 7.6%가 C형 간염 바이러스 보균자였다. 최근에는 A
형 간염 바이러스가 20~30대를 공격해서 눈길을 끌기도 한다.

여기서 잠깐 짚어보자면 바이러스는 세균과 다르다. 세균은
그 자체가 살아있는 생명이지만 바이러스는 정확히 말해 무생
물이다. 바이러스는 일종의 단백질로, 특정 조건이 구비된 환경
에서만 증식이 가능한 단백질이라 할 수 있다. 따라서 간염 바
이러스는 간세포 속에서만 증식할 수 있는 특수 단백질 덩어리
다. 우리 몸이 바이러스에 대응하며 만들어낸 산물이 간 내 염
증을 초래하기 때문에 간염 바이러스라 명명된다.

바이러스로 인해 초래된 간염은 때론 바이러스성 감기처럼

잠깐 앓고 지나가는 경우도 있고, 때론 결핵균처럼 인체 내에 들어와서 몸속에 계속 남아 우리를 괴롭히는 경우도 있다.

그럼 간염 바이러스는 어떻게 인체 내로 들어오게 되는 것일까. 우선 B형 간염 바이러스와 C형 간염 바이러스는 혈액과 체액을 통해 몸에 들어오게 된다. 간염 바이러스에 오염된 혈액을 수혈 받았거나 바이러스 보균자와의 성관계로 바이러스가 전염될 수 있다. 간염 바이러스가 묻어있는 침으로 치료나 문신, 귀 뚫기 등을 했을 때도 감염 가능성이 높다. 면도기나 칫솔, 손톱 깎이를 통해서 간염 바이러스가 전파되기도 한다.

우리나라에서 B형 간염 바이러스는 주로 산모에게서 태아로 전파된다. 국내 B형 간염 90% 이상이 B형 간염 바이러스 보균자 어머니로부터 감염된 '수직감염'이다.

B형 간염 바이러스 보균자 산모에게 태어난 아이의 10명 중 8명이 B형 간염 바이러스 보균자가 된다. 수직감염의 경우 아버지는 상관없다고 생각하는데, 부부사이의 성관계로 아내에게 전염되어 아이에게까지 전파될 수 있다는 점을 알아둬야 한다.

A형 간염 바이러스, E형 간염 바이러스는 바이러스에 오염된 물이나 음식물을 통해 감염된다. 간염 바이러스가 유행하는 나라에 여행하다 걸려오는 경우가 많다. 간염 바이러스 유행국의 수입물품(냉동식품)을 통해 감염될 수도 있다.

다행히 B형 간염과 A형 간염은 백신이 나와 있어 예방이 가능하다. B형 간염 바이러스 보균자 산모의 아기가 태어났을 지라도 출생 24시간 내에 백신 주사를 맞으면 90%는 B형 간염 바이러스에서 자유로울 수 있다. 백신 주사로 항체가 만들어지면 B형 간염 바이러스 보균자와 성생활을 해도 바이러스가 전염되지 않는다.

우리나라는 1995년부터 B형 간염 백신 접종을 국가예방접종 사업으로 도입하면서 10대 이하 B형 간염 바이러스 보균율은 0.5~2.5%가 됐다. 1995년 이전 출생자의 B형 간염 바이러스 보균율은 3~7%이다.

A형 간염을 가장 간편하게 예방하는 방법도 백신 접종이다. A형 간염이 유행하는 동남아시아 등으로 여행을 갈 때 미리 백신을 맞으면 된다. 백신을 맞지 않았다면 여행지에서 생선회 같은 날것을 피하고, 물도 반드시 끓인 것이나 제품화되어 있는 것을 마신다. 간염 바이러스는 끓는 물에 사멸된다.

B형이나 C형 간염 같이 몸 안에 들어온 바이러스가 평생 남아있는 경우에는 미리 간 건강을 챙겨야 한다. B형이나 C형 간염 바이러스 보균자는 3~6개월에 한 번 정기검진이 필요하다. 특별한 증상이 없다고 간 건강에 문제가 없다고 생각하면 오산이다. 간염 바이러스는 소리 없이 갑자기 활동할 수 있다. 정기

검진을 받지 않다가 간암 말기 진단을 받는 B형이나 C형 간염 바이러스 보균자가 적지 않다.

B형이나 C형 간염이 초래하는 간경변, 간암의 위해에서 벗어나고 싶다면 항바이러스제 치료를 받는 것도 방법이다. 약으로 간염 바이러스의 활동을 성공적으로 막아내면 평생 간 건강에 문제를 일으키지 않고 살 수 있다.

4. 생활 독소가 간을 무너뜨린다

미세먼지, 담배 연기, 봄철 황사, 농약이 묻은 농산물, 온갖 식품첨가물을 비롯해 제품용기, 장난감, 화장품, 옷, 가구, 건축자재, 염색약에 든 각종 유해물질 등등. 현대인의 일상 속에는 아주 많은 환경 독소가 녹아있다. 환경 독소를 매일 접하기 때문에 우리는 쉽게 그 위해를 간과한다. 환경 독소가 우리 생활 속에 밀접하게 파고들어 있어 미처 건강을 해친다고 생각조차 못하는 것이다. 하지만 환경 독소는 건강에 적지 않은 영향을 미친다. 독소를 해독하는 장기, 간에는 말할 것도 없다.

담배는 대표적 환경 독소로 꼽히는데, 간암 발병에 담배가 미치는 영향만 봐도 그 심각성을 알 수 있다. 연세대 보건대학원 지선하 교수팀이 간암 사망자 3807명을 흡연 여부에 따라 나눠서 간암 발생 위험을 분석한 결과, 흡연자는 비흡연자보다 간암 발생 위험이 2배나 높았다.

생활 속 환경 독소는 아주 서서히 간을 무너뜨린다. 간이 처리하지 못할 만큼 환경 독소가 많아지면, 독소를 없애기 위해서 몸에서 염증 반응이 일어난다. 그래서 인체에 독소가 계속 쌓이면 면역 기능이 점차 떨어진다. 면역 기능이 떨어질 때 병이 생기기도 하지만, 병으로 인해 면역 기능이 더 떨어지기도 한다.

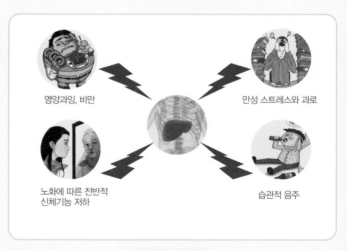

생활 독소 인자

환경 독소는 세포 내에서 핵심 역할을 담당하는 미토콘드리아의 기능마저 저하시켜서 온갖 만성질환의 단초가 되기도 한다. 미토콘드리아의 기능이 떨어지면 인체공장의 가동력인 신진대사 능력이 떨어진다. 인체 공장에서 생산한 각종 영양소, 호르몬 등을 운송하는 도로가 정체되어 인체는 원활히 돌아가지 않는다.

생활 속 환경 독소의 위해에서 완벽히 벗어나기는 어렵다. 하지만 정도를 줄이고, 빈도를 줄이면 간 건강을 해칠 만큼은 되지 않을 것이다.

담배는 끊는다. 단번에 끊기 어렵다면 조금씩이라도 줄여야 한다. 일회용 컵, 일회용 젓가락, 일회용 용기의 사용도 최대한 피한다. 텀블러를 들고 다니면 일회용 컵을 쓸 일은 없다. 일회용 식기를 써야 할 때는 한 번 헹궈서 쓴다. 음식이 담긴 일회용 식기는 전자레인지에 돌리지 않는다.

가공식품은 조리 전 물에 씻어 먹는다. 특히 햄, 베이컨 같은 육류가공품과 라면은 뜨거운 물에 살짝 데친 뒤 조리해서 먹으면 식품첨가물 섭취를 크게 줄일 수 있다. 통조림 식품은 최대한 기름기를 덜 먹는 것이 환경 독소 섭취를 줄이는 길이다.

매일 2~3L의 물을 섭취한다. 체내 지방에 녹아 있거나 단백질과 결합되어 있는 유해성분은 물을 많이 마시면 몸 밖으로 배출하는 데 용이하다. 마그네슘, 아연, 알긴산 등이 든 음식을 챙겨먹는다. 이런 성분은 몸 밖으로 유해성분을 빼내는데 도움이 된다.

5. 급격한 다이어트, 간세포 괴사 초래

다이어트는 요즘 남녀노소 공통의 과제다. 다이어트는 제대로 하면 건강을 증진시킬 수도 있고, 아름다운 몸매까지 덤으로 얻을 수 있다. 하지만 일주일에 1kg 이상 살을 빼고 있다면 이야기가 다르다.

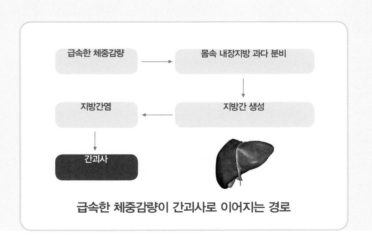

급속한 체중감량이 간괴사로 이어지는 경로

무엇보다 급격한 다이어트는 간세포를 괴사시키고, 간에 75%의 혈류를 공급하는 제3의 혈관 '문맥'에 섬유화를 촉발해서 간 건강을 망칠 위험이 높다. 단지 굶는 다이어트를 했을 뿐인데, 심한 지방간염을 초래하여 간부전을 조장할 수 있다.

도대체 왜 그럴까?

과도한 다이어트로 급격하게 체중이 줄면 우리 몸속 내장지방이 과다하게 분해된다. 인체 공장 간으로 들어오는 원자재가 위장에서 공급되지 않기 때문에, 우리 몸 스스로 원자재를 조달하려는 작용인 것이다. 하지만 분해된 내장지방의 실체 '지방산'은 간에서 다시 지방으로 바뀐다. 즉, 우리 몸 스스로 조달해야 할 원자재가 많아질수록 간에서 많은 지방이 만들어져서 우리 몸 스스로 '지방간'을 만드는 것이다. 더구나 내장지방이 많이 분해될 때 사이토카인 같은 독성물질이 같이 쏟아져 나온다. 사이토카인은 원래 균이나 독성물질이 우리 몸에 들어왔을 때 공격하는 면역물질이지만, 자기 몸도 공격하는 한계가 있다. 따라서 굶는 다이어트로 과다하게 체중을 빼면 뺄수록 그만큼 심각한 지방간이 생긴다. 지방간이 심하면 순식간에 지방간염이 되고, 심한 지방간염은 간 괴사를 유발하여 간이 제 기능을 하지 못하게 한다.

매년 여름이 다가올 때마다 굶는 다이어트로 단기간에 급격히 살을 빼는 사람이 많은데, 이런 다이어트는 간 건강에 위험한 것이다. 습관적으로 다이어트를 했다가 다시 폭식하는 행태를 이어가는 것도 간 건강에 유익하지 않기는 마찬가지다.

다이어트로 간세포 괴사를 초래하지 않으려면 적어도 우리 몸에 꼭 필요한 영양소를 골고루 몸에 공급하면서 다이어트를 해야 한다. 간 건강에 이로운 다이어트는 체중의 10% 가량을 6개월에 걸쳐 서서히 감량하는 것이다. 체중이 60kg인 여성이 다이어트를 한다면 한 달에 평균 1kg, 한 주에 평균 0.25kg 감량하는 것이 간 건강에 좋다.

운동과 함께 평소 먹는 음식에서 지방과 탄수화물을 줄여서 총칼로리를 낮추면 이 정도의 체중 감량은 어렵지 않다. 이때 줄여야 할 음식 종류는 다른 것이 아니라 삼겹살, 치킨 같은 과도한 동물성 지방과 밀가루, 설탕으로 만든 정제가공식품이다.

이런 방법으로 다이어트를 하면 간 건강을 비롯해 신체 전반에 굉장히 유익하다. 체지방이 줄고 혈당이 떨어져서 지방간을 비롯해 대사증후군, 이상지질혈증, 당뇨병, 심혈관질환 같은 만성질환의 위험이 전체적으로 줄어든다. 사람 대상이 아닌 동물 대상의 실험 연구지만, 다이어트를 하면 간세포의 재생이 더 활발해진다는 연구 결과도 나와 있다.

6. 간에 부담 주는 고칼로리 식단

요즘 한국인은 필요 이상으로 많이 먹는다. 비만한 한국인이 늘어난 것만 봐도 그 사실을 단적으로 알 수 있다. 국민건강영양조사 결과, 비만한 한국인은 1998년 26.0%에서 2013년 31.8%로 늘었다.(질병관리본부 자료)

한국인의 하루 식생활을 들여다보면 고칼로리 식단의 실태를 여실히 알 수 있다. 적지 않은 한국인이 아침식사를 건너뛰기 때문에 아침에 무의식적으로 먹는 커피와 빵에 관대하다. 점심은 꽤 풍족하게 먹는다. 한국인의 한 끼 열량 권장량은 남성이 700kcal, 여성이 600kcal인데, 한국의 사무직 직장인이 사먹는 주요 점심 메뉴의 한 끼 식사 평균 열량은 750kcal에 달한다. 50kcal 정도 더 먹는데 뭐가 문제냐라고 생각할 수 있다. 그러나 매번 이 정도로 더 먹는 것이 문제다.

점심식사로 만족하지 못하고 달달한 커피나 과일주스까지 먹게 되면 칼로리 폭탄이 바로 간을 공격한다. 간은 칼로리 폭탄 전담반인 까닭에 우리가 먹은 만큼 처리해야 할 일거리가 쌓인다. 간을 비롯한 소화 장기는 지치게 일한 만큼 독소인 활성산소를 많이 만들어 낸다. 필요 이상 들어온 에너지는 우리 몸에서 지방으로 전화되기 때문에, 간에 기름마저 끼게 한다. 과도하게 음식을 먹는 것이 결국 간에는 해가 될 수밖에 없다.

한국인의 저녁 식사는 보통 점심 식사 이상이 되기 때문에 간을 더 괴롭힌다. 그나마 집 밥을 먹으면 평균 한 끼 식사 평균 열량이 620kcal로 낮다. 하지만 입이 심심하기 때문에 순수하게 식사로 끝나지 않는 것이 문제다. 디저트로 흔히 과일이나 과자를 곁들이기 때문에 저녁식사로 섭취한 칼로리가 한 끼 열량 권장량을 간단하게 초과하게 된다. 야근을 하면서 야식을 먹거나 약속이나 회식 등으로 밖에서 외식을 하면 저녁에 섭취한 칼로리가 쉽사리 1000kcal를 넘어선다. 여기에 술까지 곁들이면 핵폭탄 급의 고칼로리가 된다. 500cc 생맥주 한 잔의 칼로리가 190kcal, 소주 반병의 칼로리가 227kcal다.

더 큰 문제는 우리가 점점 더 많이 먹고, 점점 더 간에 해로운 것만 먹는다는 사실이다. 국민건강영양조사에 따르면, 한국인 1일 섭취량은 2005년 1274g에서 2013년 1544g으로 270g이나 늘었다.

한국인의 1인당 하루 당 섭취량은 2008년 49.9g에서 2012년 65.3g으로 크게 늘었다. 한국 성인 여성보다 비만율이 높은 한국 성인 남성의 음식 섭취 패턴을 분석했더니 하루 총 섭취 열량의 41.4%를 흰쌀로 섭취한다는 조사가 있다. 흰밀가루로 만드는 라면과 국수도 6.1%를 차지했다. 흰쌀과 흰밀가루는 흰설탕과 함께 몸에 해로운 삼백(三白) 식품으로 꼽힌다. 삼백 식품은 소화기관에서 빨리 흡수되기 때문에 간이 제때 처리하지 못해 간에 부담을 준다. 필요한 양은 간에서 에너지로 바로 소비하지만 나머지는 글리코겐으로 변해 간에 저장됐다가 쓰이지 않으면 지방으로 변화하기 때문에 지방간의 원흉이 되는 것이다.

한국 성인 남성은 하루 총 섭취 열량의 8%를 고기로 채운다. 지방질이 많은 육류를 흰쌀 다음으로 많이 먹고 있는 것이다. 2013년 현재 한국인의 단백질 섭취량도 섭취 권고 기준을 넘어선 상태다. 한국영양학회의 하루 단백질 섭취 권고량은 남성의 경우 19~49세 55g, 50세 이상 50g, 여성의 경우 19~29세 50g, 30세 이상 45g인데, 국민건강영양조사 결과 70세 이상 여성을 제외한 전 연령대에서 권고량을 웃돌아 단백질을 섭취하고 있었다. 하루 야채 섭취량은 이전과 크게 달라지지 않았는데, 삼백식품과 육류 단백질 섭취는 증가한 것이다.

또 다른 문제가 있다. 우리에게 하루에 필요한 칼로리는 활동량과 나이에 따라 달라진다. 그런데 이런 인식 없이 대부분의 한국인은 활동량이 많은 젊었을 때와 같은 양의 음식을 똑같이 섭취하려 한다는 것이다.

하루 총 권장 섭취 열량은 육체활동이 거의 없는 사무직의 경우, 표준체중 곱하기 25~30kcal의 결과 값이다. 영업직 같이 보통의 활동을 하는 경우에는 표준체중 × 30~35kcal을 한 것이

남성의 표준체중(kg)=키(m)×
키(m)×22
여성의 표준체중(kg)=키(m)×
키(m)×21

하루 총 권장 섭취 열량이며, 노동직 같이 심한 육체 활동을 하는 경우에는 표준체중 × 35~40kcal를 해야 한다. 영업직에서 사무직으로 보직이 바뀐 경우, 표준체중 × 5kcal 정도를 빼고 먹어야 고칼로리 식단을 피할 수 있다.

나이에 따라 우리 몸에서 기본적으로 쓰는 에너지 '기초대사량'이 바뀐다. 따라서 내 몸에 필요한 하루 총 섭취 칼로리로 나이에 따라 달라진다. 한국영양학회에서 제시한 한국 남성과 여성의 연령별 기초대사량은 아래의 〈표〉와 같다.

연령	남성의 기초대사량(kcal)	여성의 기초대사량(kcal)
6~8세	1600kcal	1500kcal
9~11세	1900kcal	1700kcal
12~14세	2400kcal	2000kcal
15~18세	2700kcal	2000kcal
19~29세	2600kcal	2100kcal
30~49세	2400kcal	1900kcal
50~64세	2200kcal	1800kcal
65~74세	2000kcal	1600kcal
75세 이상	2000kcal	1600kcal

한국 남성과 여성의 연령별 기초대사량〈한국영양학회〉

싸락눈처럼 소리 없이 쌓이는 지방의 위해에서 벗어나려면 연령별 기초대사량까지 고려해서 적정량의 음식을 섭취해야 한다.

7. 비만과 당뇨, 당신의 간을 위협한다

비만, 당뇨병 같은 대사성 질환을 앓는 한국인이 최근 계속 늘고 있다. 2013년 국민건강영양조사에 따르면, 비만한 한국인이 31.8%, 당뇨병을 앓는 한국인이 11.0%에 달했다. 미래는 더 암울하다. 앞으로 비만과 당뇨병을 앓는 한국인이 더 늘어날 것이라는 전망 때문이다. 비만과 당뇨병의 폐해도 심각하다. 비만은 암을 비롯해 온갖 만성질환의 원인이 된다. 당뇨병은 당뇨 자체보다 합병증이 더 무서운 병인데, 간 건강과도 밀접한 관련이 있다.

우선 비만일수록 지방간에 걸릴 위험이 올라간다. 비만이 대사이상과 지방 독성을 유발하는 까닭이다. 비만으로 인해 인슐린이 몸 안에서 제 기능을 못하면 포도당 대사 이상이 초래되고, 몸에 과도한 지방이 축적되어 혈액 내 지방 독성을 유발할 수 있다. 비만의 결과물 '내장지방'은 사이토카인 같은 염증 물질을 분비해서 간을 공격하기 때문에 지방간염, 간경화, 간암 위험을 높인다. 비만이 얼마나 간에 위험한지는 서울대어린이병원 연구팀이 6~13세의 비만 어린이 80명을 대상으로 시행한 간 조직검사에서 극명히 드러난다. 이 연구에서 비만 어린이 22.5%가 단순 지방간이었고, 비만 어린이 77.5%가 간 섬유화 상태였다. 어릴 때의 비만을 방치하면 성인이 되어 지방간, 간경화, 간암 등 심각한 간질환으로 발전할 수 있는 것이다. 실제 체질량지수(BMI:Body Mass Index)가 30 이상인 사람은 간암 발병률이 3배 더 높다는 보고가 있다.

당뇨병도 간 건강을 악화시키기는 마찬가지다. 당뇨병에 걸리면 몸 안에 인슐린이 있더라도 세포에서 인슐린이 제 기능을 못하기 때문에 간으로 지방 유입이 증가된다. 인슐린이 제 기능을 못하는 것을 인슐린 저항성이라고 하는데, 비알코올성 지방간 환자 대부분이 인슐린 저항성이 높다. 인슐린 저항성으로 인해 몸 안에 산화 스트레스가 쌓이고 사이토카인 같은 염증 물질이 나와서 간세포를 손상시키기 때문에 지방간, 지방간염, 간경화로 발전될 위험이 높다. 간염을 앓는 사람에게 당뇨병이 발병하면 간암에 걸릴 위험이 건강한 사람의 47배에 달한다는 연구 결과도 있다.

이상지질혈증, 대사증후군, 고혈압, 고요산혈증 같이 최근 한국인에게 급증하는 만성질환도 간 건강과 밀접한 관련이 있다.

이상지질혈증을 앓는 미국인의 최대 92%가 지방간이라는 통계도 있다. 비만, 당뇨병, 대사증후군, 이상지질혈증, 고혈압, 고요산혈증은 간에 지방을 쌓는 간질환의 원인이자 결과로 회자된다. 만성질환자가 평소 질환관리를 철저히 하지 않으면 어느새 간은 소리 없이 무너진다.

간 건강을 위협하는 만성질환의 위험에서 벗어나기 위해서는 우선 적정 체중을 유지해야 한다. 과체중이면 체질량지수를 25 이하로 줄인다. 정상 체중이어도 복부비만이 있다면 운동을 통해 꼭 뱃살을 뺀다. 또한 만성질환에 대한 치료와 관리도 철저히 해야 한다.

건강한 습관을 들이지 않으면 간도 망가지지만 온갖 병이 찾아든다. 평소 건강관리를 하는 것이 간을 위해서도 중요하다.

대사증후군이란?

대사증후군은 5가지 건강지표에서 3가지 이상에 해당하는 경우를 말한다. 5가지 건강지표는 ①허리둘레 남성 90cm 이상, 여성 85cm 이상 ②중성지방 150mg/dL 이상 ③좋은 콜레스테롤인 HDL 콜레스테롤이 남성 40mg/dL 이하·여성 50mg/dL 이하 ④혈압 130/85mmHg 이상 ⑤공복 혈당 100mg/dL 이상이다.

8. 간 건강을 무너뜨리는 수면 부족

한국인은 잠이 부족하다. 건강한 삶을 위해 권장되는 적정 수면 시간은 7~8시간이다. 하지만 한국 성인의 평균 수면 시간은 6시간 35분에 불과하다.(한국갤럽 2015년 자료) 우리나라 고등학생의 평균 수면 시간은 최악으로, 5시간 36분에 그친다.(한국청소년정책연구원 2013년 자료) 잠을 잘 이루지 못하는 한국인도 요즘 크게 늘고 있다. 건강보험심사평가원에 따르면, 수면장애로 병원을 찾은 한국인이 2009년 26만명에서 2013년 38만명으로 46% 늘었다.

수면 부족이 건강에 이롭지 않다는 것은 누구나 안다. 잠을 잘 못 자면 인슐린이 우리 몸에서 제 기능을 못한다. 인체 면역력 또한 상당히 떨어진다. 수면 부족이 비만을 비롯해 대사증후군, 당뇨병, 심혈관질환 위험을 높인다는 사실은 이미 수많은 연구를 통해 증명된 상태다. 부족한 수면이 간 건강을 위협하는 것은 따라서 당연한 결과이다. 간 건강을 위협하는 여러 원인의 근원에 수면 부족이 있기 때문이다.

실제 미국 캘리포니아대학 매슈 워커 교수팀의 연구에 따르면, 잠을 충분히 잔 날에 비해 잠을 잘 이루지 못한 날 칼로리 총량이 평균 600kcal 많은 고칼로리 인스턴트식품을 섭취하려는 경향이 보였다. 수면이 부족할 때에는 뇌의 합리적 판단 기능이 떨어지고 식욕을 관장하는 뇌 부분이 활성화되는 까닭이다. 따라서 잠을 잘 자지 못하는 사람은 비만이 될 위험이 높을 수밖에 없다.

또 가톨릭대학 서울성모병원 최환석 교수팀이 15개 국제학술 논문에서 연구한 대사증후군 환자 7만8082명의 수면 상태를 분석한 결과, 수면 시간이 적정 수면 시간인 7~8시간보다 부족하면 대사증후군 위험이 올라갔다. 하루 7~8시간 자는 사람에 비해 5~6시간 수면한 사람은 대사증후군 위험이 27% 높았다.

'잠은 보약이다'라는 말이 있다. 잠을 잘 자는 것이 건강에 그만큼 이롭다는 의미다. 잠이 건강에 긍정적 영향을 미치는 까닭 모두를 낱낱이 밝힐 수는 없다. 다만 잠 잘 때 나오는 멜라토닌 호르몬과 성장호르몬의 효과로 잠이 간 건강에 어떤 효과를 내는지 짐작해 볼 수 있다. '수면 호르몬'이라 칭해지는 멜라토닌은 우리 몸의 생체리듬을 조절하는 호르몬이다. 수면 부족으로 생체리듬이 깨지면 신체의 여러 장기는 제 기능을 수행하기 어렵고, 이때 간도 예외는 아니다. 생체리듬이 깨지면 스트레스에 대한 저항력 또한 떨어진다.

건강 호르몬으로 불리는 성장호르몬도 멜라토닌 호르몬과 같이 자는 동안 분비된다. 잠자는 동안 나온 성장호르몬은 우리 몸의 상처 입은 장기나 혈관 등의 상처를 치유한다. 성장호르몬은 잠 잘 때 몸속 지방을 연소하는 일도 한다. 잠 잘 때 식은땀을 한 컵 가량 흘리는 것은 성장호르몬이 지방 연소를 한다는 의미다. 성장호르몬은 잘 때 근육을 단련시키는 역할도 한다. 성장호르몬의 단백동화작용은 체내 지방 연소를 돕고, 우리 몸에 근육이 생기게 한다.

간 건강을 위해서는 하루 7~8시간 푹 자야 한다. 하루 일정을 짤 때 수면 시간이 7~8시간이 되게 배정하는 것이 간 건강을 위해 필요하다. 수면장애가 있을 때는 수면제를 복용하는 등의 적극적인 치료에 나서고, 수면습관도 개선한다. 똑같은 시간에 자고 일어나는 습관도 중요하다. 자기 1시간 전에는 TV나 컴퓨터, 스마트폰 보는 일을 되도록 자제한다. 대신 음악을 듣거나 명상을 한다. 책을 읽거나 일기를 쓰는 것도 좋다. 배가 고파서 잠이 오지 않을 때는 따뜻한 우유 한 잔 정도로 허기를 다스린다. 심신이 지나치게 피로해 잠이 오지 않을 때는 따뜻한 물에 15분 가량 몸을 담그거나 샤워를 한다.

9. 덜 걷고 덜 움직이면 간은 나빠진다

걷거나 뛰는 신체 활동을 하는 한국인이 점차 줄고 있다. 2013년 국민건강영양조사에 따르면, 걷기 실천율이 2005년 60.7%에서 2013년 38.0%로 크게 줄었다.(질병관리본부 자료)

중등도 이상의 신체활동 실천율도 2005년 68.5%에서 2013년 47.2%로 크게 낮아졌다. 중등도 이상의 신체활동은 3가지를 의미한다.

첫째, 최근 1주일간 격렬한 신체활동을 1회 10분 이상, 1일 총 20분 이상, 주 3일 이상 실천한 경우.

두 번째, 자전거 타기 같은 중등도 신체활동을 1회 10분 이상, 1일 총 30분 이상, 주 5일 이상 실천한 경우.

세 번째, 걷기를 1회 10분 이상, 1일 총 30분 이상, 주 5일 이상 실천한 경우.

결국, 중등도 이상의 신체활동이 줄어든 것은 걷거나 뛰는 활동을 하는 한국인이 더 줄었다는 의미다. 특히 여성이 남성보다 더 심각하다.

중등도 이상 신체활동실천율〈질병관리본부〉

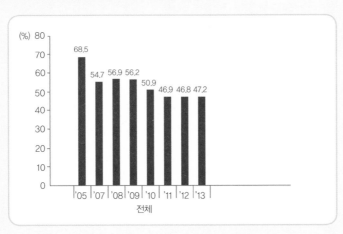

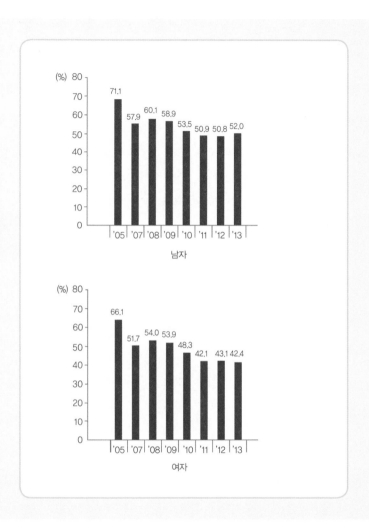

남자

여자

덜 움직이고 덜 운동하면 건강에 좋지 않다는 것은 누구나 안다. 간 건강도 마찬가지다. 구체적인 이유를 살펴보면 다음과 같다.

첫째, 활동량이 줄면 간에 지방이 축적되기 쉽다. 우리 몸이 소비하는 에너지가 줄기 때문에 몸 안에 남는 에너지가 생기는 까닭이다. 잉여 에너지는 결국 간에 지방으로 쌓인다.

둘째, 운동을 안 하면 우리 몸 여기저기에도 지방이 잘 끼어서 혈당을 낮춰주는 인슐린이 제 기능을 못하게 된다. 이것을 인슐린 저항성이라고 하는데, 결국 간에 지방이 더 많이 쌓이게 한다.

셋째, 덜 움직이면 지방간을 악화시키는 대사증후군, 이상지질혈증, 당뇨병 같은 질환이 생길 위험 역시 올라간다. 대사증후군, 이상지질혈증, 당뇨병 같은 대사성질환은 지방간의 원인이자 결과라고 앞서 말한 바 있다.

간 건강을 위해서는 일부러 걷고, 규칙적으로 운동할 필요가 있다.

10. 검증 안 된 민간요법은 오히려 독

해가 갈수록 체력이 떨어지고 몸에 각종 건강 이상 신호가 나타나면, 우리는 건강을 위해서 몸에 좋은 무언가를 먹어야 한다고 생각한다. 실제 몸에 좋다는 각종 달인 물과 즙, 농축액을 비롯해 건강식품이 우리나라에서 날개 달린 듯 팔리고, 해외에서 직접 구입하는 일도 다반사다.

하지만 쑥, 버섯, 녹즙 같은 자연물로 만든 즙이나 농축액 같은 건강식품조차 분명 간에는 부담이 된다. 건강식품 중에는 '먹어서 해가 없다'는 안전성마저 담보되지 않은 제품이 시중에 떠돌아서 한국인의 간 건강을 상당히 위협한다.

검증되지 않은 민간요법이나 건강식품은 간에 심각한 염증을 초래해 간 기능을 떨어뜨리고 심하게는 간암을 비롯한 각종 간 질환을 초래할 수 있다. 그런데, 우리나라 사람 상당수가 몸에 좋다는 말만 들으면 이런 생각은 전혀 하지 않고 각종 달인 물과 즙, 농축액을 비롯해 건강식품을 구해 먹기 바쁘다.

집에서 건강식품을 직접 만들어 먹는 일도 다반사인데 이것도 간 건강에 이롭지 않다. 중금속이나 농약 같이 몸에 해로운 성분이 몸에 이로운 성분보다 더 많은 재료를 쓰거나 농도를 제대로 맞추지 못하면 간이 '독 성분'과 '약 성분'을 분해, 해독하느라 탈진되는 까닭이다.

가장 황당한 일은 간 건강에 좋다는 민간요법이나 건강식품이 오히려 간 건강을 망칠 때다. 헛개나무, 민들레, 봉삼, 영지버섯, 상황버섯, 인진쑥 같이 민간요법에서 간 건강에 이롭다고 하는 것들도 잘못 복용하면 때로는 간 건강에 약보다 독이 된다. 특히 간이 건강할 때는 모르지만 간이 이미 망가진 경우, 간 건강식품이 약보다 독이 되는 경우가 더 많다. 따라서 간 건강 이상 증상이 생겼을 때, 간 건강식품에만 의존해서는 안 된다.

간을 지키기 위해서는 건강식을 제대로 알고 먹어야 한다. 집에서 건강식을 만들어 먹을 때는 재료가 안전한지 먼저 확인한다. 국도변에 자란 자연물은 중금속 오염 위험이 높기 때문에 적절하지 않다. 농약이 다량 살포된 수입산 자연물도 마찬가지다. 이런 재료로 건강식을 만들면 간 건강에 이로운 성분보다 해악이 큰 성분이 많아서 간 건강을 오히려 망칠 수 있다. 처음부터 식용으로 재배한 자연물, 농약을 많이 쓰지 않은 자연물을 건강식 재료로 써야 간 건강을 망치지 않는다. 더불어, 건강식품을 만드는 방법도 제대로 지켜야 한다. 약으로 먹을 거면서 '음식처럼 대충 만들자'라는 생각은 위험하다. 특히 더 높은 효과를 기대하며 제멋대로 자연물의 양을 늘리거나 다른 효능 성분이 있다는 자연물을 맘대로 첨가해 넣어선 안 된다. 만드는 방법은 한의사, 한약사, 약선음식조리사 같은 전문가의 안내에 따라 정확한 양을 넣어 만들고, 하루 적정 섭취량도 알아두고 그만큼만 먹어야 한다.

시중에 팔리는 건강식품도 간 건강을 위해 제대로 알고 먹어야 한다. 먹었을 때 해가 없는 안전한 제품인지 반드시 확인한다. 식품의약품안전처 같은 국내외 공인기관에서 안전성을 확인 받은 제품인지 살피는 습관을 들이면, 건강식품을 먹어서 간이 망가지는 황당한 일은 최대한 피할 수 있다.

11. 불필요한 약이 간을 해친다

약을 대사하는 간은 약 때문에 잘 망가진다. 과거 한때 약으로 인한 간 손상이 전체 입원 환자의 5%에 달한다고 할 만큼 약은 간 건강을 위협하는 존재다. 어떤 약은 치료 범위 내에서 복용한 것일 뿐인데도 간을 손상시킨다. 간 손상을 초래하는 약으로 알려진 것만 이제껏 1000여 가지에 이른다. 약이 장점보다 단점이 많을 때는 결국 퇴출되기 마련인데, 이때 압도적인 단점 사유로 간독성이 꼽힌다.

간에 들어온 약 성분은 대부분 2단계 과정을 거쳐 통증을 없애거나 혈압을 떨어뜨리는 등의 효능을 낸다. 인체 화학공장 간에서 산화, 가수분해, 환원 같은 화학공정 처리가 이뤄져서 가능한 것인데, 이 화학공정 과정에서 불행히도 간 손상을 초래하거나 간세포의 괴사를 악화시키는 문제가 초래된다. 화학공장에서 제품이 만들어지는 과정에서 여러 가지 독 물질이 만들어지고, 그래서 화학공장 부품에 이상이 생기는 것과 똑같은 이치다.

화학공정에서 생산된 약의 일부 화학물질은 세포 내에서 에너지를 생산하는 미토콘드리아의 기능 장애를 초래한다. 그래서 활성산소 같은 산화물질을 다량 만들어내서 간세포를 망가뜨린다. 약의 일부 화학물질은 우리 몸의 일부 효소를 활발하게 움직이게 해 우리 몸에 활성산소를 더 많이 만들어지게 하기도 한다. 결핵약(이소니아지드), 혈압약(메틸도파), 해열진통소염제(아스피린, 디클로페낙), 마취제(할로세인), 항경련제(페니토인) 같은 약의 화학물질이 흔히 초래하는 문제다.

약의 일부 화학물질은 간세포에서 생산된 담즙의 흐름을 방해해 간 손상을 악화시킨다. 먹는 피임약이나 남성호르몬제(안드로겐), 스테로이드제(근육 양을 늘릴 목적으로 사용되는 아나볼릭 스테로이드), 통풍약(알로퓨리놀), 항생제(코아목시클라브), 항경련제(카르바마제핀), 정신질환약(클로로프로마진) 등이 대표적이다.

지방을 잘 쌓이게 하여 간을 손상시키는 약도 있다. 해열진통소염제(아스피린, 아세트아미노펜, 케토프로펜), 항생제(테트라시클린) 등이 그렇다.

약 때문에 생긴 이 같은 간 손상은 초기에 발견하면 대부분 쉽게 해결된다. 그 약을 쓰지 않으면 되기 때문이다. 하지만 너무 늦게 발견되면 간이식이 필요할 만큼 심각하게 간이 망가질 수 있다.

간 독성이 있는 약이 많으니 약을 먹지 말라는 이야기가 결코 아니다. 약이 필요할 때는 먹되 주의사항을 지키고, 불필요하게 먹지는 말라는 이야기이다.

특히 오랜 기간 약을 쓸 때는 의사의 처방에 따라 약 용량을 철저히 지켜야 한다. 필요할 때는 의사의 권유에 따라 혈액검사로 간 건강 상태를 확인해야 한다. 의사의 처방대로 약을 먹어도 간이 손상될 수 있기 때문이다. 실제 결핵약 이소니아지드는 용량을 낮춰 먹어도 100명 중 1명 꼴로 간 손상이 초래된다.

약국에서 쉽게 살 수 있는 약도 용량과 주의사항을 지켜서 복용한다. 대표적으로 아세트아미노펜 성분으로 만든 타이레놀의 경우, 하루 6알 넘게 복용하면 약의 효능보다 간독성이 더 크다. 특히 과음 뒤엔 하루 4알의 타이레놀만 복용해도 약물 독성 간염이 생길 수 있다. 술 때문에 이미 간이 많이 손상된 상태이기 때문이다. 따라서 숙취가 오래 지속될 때는 타이레놀이 아닌 다른 성분의 해열소염진통제를 먹는 것이 필요하다.

건강한 간에
디톡스를 허하라

간(肝)은 건강할 때 지켜야 한다. 몸(肉)과 방패(干)가 합쳐진 의미처럼 간은 우리 몸을 보호하는 관문이다. 간이 우리 몸을 지키는 방패라면 그 최후의 보루를 지키는 일은 분명 우리의 몫이다.

이윤경 차움 디톡스슬리밍센터 교수의 도움말로 일상에서 간 건강을 지켜줄 다양한 간 디톡스 방법에 대해 살펴봤다.

음식, 독 아닌 약이 되게 먹기

HOW TO 1 적게 규칙적으로 먹어라

HOW TO 2 매끼마다 5대 영양소를 챙겨라

HOW TO 3 간에 좋은 음식과 간에 나쁜 음식을 가려 먹어라

HOW TO 4 음식으로 간을 디톡스하라

우리는 하루도 거르지 않고 음식을 먹는다. 음식을 통해 매일같이 영양분을 얻어야 인체 에너지를 만들 수 있기 때문이다.

'잘 먹어야 건강하다'는 말은 만고불변의 진리다. 문제는 '잘'의 의미를 사람마다 다르게 해석하는데 있다. 음식은 잘 먹으면 우리 몸에 약이 되지만, 잘못 먹으면 독이 된다. 스스로 잘 먹었

다고 생각하지만 잘못 먹는 일이 꽤 많다. 간을 디톡스할 수 있는 음식 섭취법을 소개한다.

HOW TO 1 적게 규칙적으로 먹어라

적지만 일감이 꾸준히 들어오는 A공장이 있다. B공장은 일감이 가끔 들어오지만 한 번에 어마어마한 양이 들어와서 A공장과 비슷한 총수익을 낸다. 하지만 B공장은 A공장보다 항상 순이익이 낮다. 왜 그럴까?

A공장은 항상 일처리가 매끄럽다. 꾸준한 양의 원재료가 매일 들어오기 때문에 1차, 2차 공정을 한 뒤 불순물 처리, 포장, 운송까지 막힘이 없다. 반면, B공장은 원재료가 불규칙하게 한꺼번에 많이 들어와 1차 공정을 한 뒤 일부는 공장 안팎 여기저기에 분산했다가 필요할 때마다 다시 꺼내와 2차 공정을 한다. 2차 공정 중에 다시 원재료가 쏟아지듯 들어오면 일은 더 복잡해진다. 불규칙적인 일감 때문에 B공장은 불필요한 일이 항상 많은 것이다.

인체 공장 간이 B공장처럼 돌아가면 일처리가 많아져 독소인 활성산소가 A공장보다 더 많이 만들어진다. 인체 공장의 일처리가 꼬이면 인체에 문제가 생기는 것이 이것만이 아니다. 당이 들어오지 않는 공백기에 대비해 몸이 지방을 축척해서 비만해지고, 당을 처리하는 인슐린이 이제 일거리를 앞에 두고도 제대로 일하지 않는다.

음식을 먹는 방식에 따라 우리는 간을 A공장처럼 운영할 수도 있고, B공장처럼 운영할 수도 있다.

A공장처럼 운영하는 방식은 간단하다. 매일 규칙적으로 세끼를 균형 있게 먹는 것이다. 아침과 점심 식사를 건너뛰고, 저녁 한 끼를 배부르게 먹는 B공장 방식은 결코 간 건강에 이롭지 않다.

규칙적으로 먹는 것과 함께 소식도 중요하다. 인체에 들어오는 하루 음식양은 매일 소비되는 에너지 만큼이어야 한다. 필요이상의 음식은 간에 과도한 일거리를 안겨주고, 소비되지 않은 에너지는 고스란히 살이 되어 간과 인체 곳곳에 부담을 준다. 세끼를 균형 있게 먹으면 과식할 위험도 적다.

너무 적게 먹어서 몸을 축나게 하는 것도 건강에는 결코 이롭지 않다. 비만도 건강에 위험하지만 저체중도 건강에 해롭기는 마찬가지다. 그렇다면 하루에 어떻게, 그리고 얼마나 먹어야 할까?

한국인의 생활방식으로 세끼를 균형 있게 먹는 방법은 다음과 같다. 하루 섭취 칼로리는 표준 체중에 맞춰 먹는 것이 이상

적이지만, 얼마나 육체활동을 많이 하느냐에 따라 조금 달라진다. 사무직은 표준체중×25~30kcal, 영업직은 표준체중×30~35kcal, 노동직은 표준체중×35~40kcal를 한 값이 하루 필요 열량이다. 175cm의 사무직 남성으로 따지면 하루 필요 열량은 1.75×1.75×22(여성의 경우 21)×25~30kcal의 값으로, 최소 1684kcal에서 최대 2021kcal이다. 간식을 먹지 않고 밥만 먹는다면 한 끼에 600kcal 정도가 적당한 섭취량이다. 밥 한 공기

과식을 막는 2가지 식사법

과식을 하고 싶지 않지만 불타는 식욕을 막을 수 없을 때가 있다. 스스로 과식을 조절할 수 없다면 다음과 같은 방법을 써보자.

1.최소 20분 이상 식사하라

포만감은 식사 시작 약 20분 뒤 나타난다. 빨리 먹을 때 항상 더 많이 먹는 것은 포만감을 느끼지 못해서다. 허겁지겁 채 씹지도 않고 먹을 때보다 천천히 오래 씹어 먹을 때 포만감을 전달하는 신경중추가 자극되어 과식을 피하기 쉽다.

2.물과 채소 먼저 먹어라

식사하기 전에 물을 마시면 공복감을 어느 정도 채울 수 있다. 물도 급하게 먹지 말고 천천히 씹어 먹자. 식사할 때 식이섬유가 많이 든 샐러드나 채소반찬을 먼저 먹으면 음식이 소화되는 속도가 늦춰지고 포만감을 빨리 느끼게 된다.

가 300kcal, 청국장 1인분이 200kcal이다. 다른 반찬까지 섭취한다고 했을 때 한 끼에 1인분의 밥과 국을 다 먹어선 안 된다. 두세 숟가락 덜어내고 먹어야 적당하다. 이 같은 방식으로 세끼를 균형 있게 먹으면 저절로 소식이 된다. 간식이나 후식으로 차나 우유, 주스, 과일, 과자, 빵 등을 먹는다면 그만큼 식사량을 줄인다.

HOW TO 2 매끼마다 5대 영양소를 챙겨라

간 건강을 위해서는 매 끼니마다 5대 영양소를 골고루 챙겨야 한다. 인체 화학공장에 필요한 5가지 원재료가 모두 공급되지 않으면 인체에 필요한 '제품' 생산에 차질이 빚어지기 때문이다.

대표적으로 단백질이 부족하면 간은 호르몬, 효소, 세포 등의 생산에 차질을 빚는다. 그러면 우리 몸의 활력이 떨어진다. 상처가 있을 때는 치유가 지연되기도 한다. 비타민이 공급되지 않으면 간마저도 제대로 일처리를 하지 못한다. 간이 알코올 같은 독성 물질을 처리할 때 비타민과 무기질이 부족하면 간에서 알코올 해독처리가 지연되어 간은 더 상처를 입는다.

간에 좋다고 단백질과 비타민이 든 음식만 과잉 섭취하는 것도 이롭지 않기는 마찬가지다. 특정 영양분이 체내에 많이 들어가면 점점 쌓이게 되면서 몸에 이로운 작용을 하기보다 해로운 작용을 더 많이 한다. 따라서 간에 이로운 음식이라고 한 가지만 과하게 챙겨먹지 않는다.

특정 생활습관에 따라 간 디톡스를 위해 더 챙겨야 할 영양소나 음식물도 있다. 이때 음식량을 늘리는 것은 바람직하지 않다. 생활습관에 따라 자신에게 더 필요한 식품을 다른 음식과 대체해 먹는다.

술자리가 잦은 사람은 비타민B군이 많이 든 음식을 평소 더 많이 섭취해야 한다. 비타민B군은 알코올 섭취 후 체내 흡수 능력은 떨어지나 인체 소모량은 급격히 느는 까닭이다. 비타민B1은 콩·두부·두유·두릅에, 비타민B2는 시금치·우유·달걀·표고버섯에, 비타민B3는 굴비·도미·바지락, 닭고기에, 비타민B5는 녹황색 채소·달걀노른자에, 비타민B6는 마늘, 김, 바나나 등에 많다.

담배를 피우는 사람은 당근, 달걀, 우유, 간, 고구마, 시금치, 호박, 파래, 달래 등을 자주 챙겨먹자. 담배를 피우는 사람은 비타민A 부족으로 암에 걸릴 위험이 높다. 당근에는 비타민A가 풍부하고 발암물질을 해독하는 물질이 들어 있다. 비타민A는 달걀, 우유, 간, 고구마, 시금치, 호박 등에도 많이 들어 있다. 파래와 달래는 담배의 니코틴을 해독하는 데 도움을 준다.

육류나 튀긴 음식을 자주 먹어서 간과 몸 구석구석에 지방이 쌓일까 걱정된다면 타우린, 레시틴 성분이 많은 든 음식을 먹자. 타우린은 지방 대사를 하는 간의 일을 줄여준다. 담즙산 분비를 촉진하고, 독소로부터 간세포를 보호하며, 알코올 대사산물인 아세트알데히드를 빨리 없애는 역할도 한다. 타우린이 혈액과 간에 쌓인 지방을 줄여준다는 연구 결과도 있다. 타우린은 재첩, 모시조개, 바지락, 굴, 대합, 오징어, 문어 등에 많이 들어 있다. 레시틴은 콜레스테롤 개선에 도움이 된다. 대두레시틴의 경우, 세포가 콜레스테롤을 많이 방출하게 하고 소장 내 콜레스테롤의 흡수와 합성을 줄여준다는 연구결과가 있다. 레시틴은 대두 외에 계란노른자, 콩기름, 간 등에 많이 들어 있다.

기름기 많은 음식을 먹은 뒤 한 잔의 녹차나 백차를 마시는 것도 효과적이다. 녹차는 우리 몸에 들어온 지방을 빨리 분해한다. 녹차에 든 카테킨은 위장관 내에서 콜레스테롤 흡수를 방해하고 지방 성분이 우리 몸에 쌓이는 것을 막아준다. 카테킨은 또한 항산화 효능을 낸다. 강한 알칼리성을 내는 녹차를 마시면 과다한 지방으로 몸이 산성화되지 않으며 몸에 지방도 덜 흡수된다. 백차는 지방 분해 효능을 높이고 지방 생성을 억제하는 효과가 있다. 백차에 들어있는 에피갈로카테킨-3-갈레트(EGCG) 성분이 지방을 없애는 것으로 알려져 있다.

미세먼지가 많을 때나 황사가 있을 때는 중금속 해독에 좋은 식품을 챙겨먹자. 마늘, 연근, 사과, 녹차, 도토리묵, 새우, 고등어 등이 대표적인 중금속 해독 식품이다.

마지막으로, 패스트푸드 섭취가 잦거나 외식이 잦은 사람은 식품첨가물, 농약, 화학비료 등의 유해물질을 배출해 주는 음식을 많이 먹자. 우엉, 브로콜리, 양배추, 케일, 부추, 해조류, 단호박, 양배추, 감자, 된장, 숙주나물 등으로 만든 음식이 대표적이다.

HOW TO 3 간에 좋은 음식과 간에 나쁜 음식을 가려 먹어라

간에 분명 좋은 음식이 있고, 간에 분명 나쁜 음식이 있다. 간 건강을 생각해서 간에 좋은 음식과 간에 나쁜 음식을 알아두고 구별해 섭취하자.

간에 좋은 음식

단백질과 비타민, 무기질이 풍부한 식품, 항산화 효능을 내는 성분이 담긴 식품은 간에 좋은 음식이다. 가공된 식품이 아닌 자연 날 것으로 된 식품이 분명 간에 더 좋다.

간 건강을 위해서는 단백질을 육류의 살코기, 생선, 콩, 두

간에 좋은 음식

부, 달걀 등으로 섭취하는 것이 좋다. 비타민과 무기질은 알로에, 부추, 돌미나리, 브로콜리, 시금치, 고춧잎, 당근, 케일, 피망, 샐러리, 두릅 같은 녹황색 채소에 풍부하다. 담색채소인 양배추, 더덕, 마늘, 콩나물, 숙주, 무, 양파 등에도 비타민과 무기질이 많이 들어 있다. 버섯류인 영지, 표고, 양송이를 비롯해 해조류인 미역, 파래, 김, 과일인 오렌지, 배, 귤, 자몽, 사과, 복숭아 등에도 간에 좋은 비타민과 무기질이 풍부하다.

카레(울금)도 간 건강에 이롭다. 카레에 담긴 커큐민이라는 성분은 간세포의 활성을 높여주는 것으로 알려져 있다. 커큐민은 몸 안에서 강력한 항산화 물질(테트라히드로커큐민)로 변환되어 간을 디톡스하는 효능을 낸다.

비타민A · C · E와 셀레늄, 폴리페놀, 키토산, 타우린 등과 같이 항산화 성분이 많은 음식 역시 간 건강에 이롭다. 비타민A는 달걀, 우유, 간, 당근, 고구마, 시금치, 호박 등에 많이 담겨 있다. 비타민C는 딸기, 키위, 귤, 오렌지, 레몬, 토마토, 풋고추, 양배추, 브로콜리, 갓김치, 피망, 시금치, 고구마, 감자 등에 풍부하다. 비타민E는 홍화유, 옥수수유, 올리브유, 땅콩기름, 식용유, 밀배아, 아스파라거스, 마가린, 망고, 아보카도, 호두, 잣, 땅콩에 많이 들어 있다. 셀레늄은 항산화 효소를 만드는 필수물질로, 육류의 내장과 해산물, 버섯 등에 담겨 있다. 폴리페놀은 안토시아닌, 카테킨 등을 총칭한다. 게 껍질에 많은 키토산도 항산화 효과가 뛰어나다. 재첩, 모시조개, 바지락, 굴, 대합, 오징어, 문어에 많이 들어 있는 타우린은 간 내의 찌꺼기 배출을 돕는 담즙산 분비를 촉진하고 산화를 억제해 독소가 세포를 손상시키는 것을 막아준다. 또 간세포의 재생을 촉진하고 알코올 처리 과정에서 만들어진 간 독성물질 아세트알데히드를 빨리 없애준다.

간에 나쁜 음식

간에 안 좋은 음식은 명확하다. 소금과 식품첨가물이 많이 들어가 있는 가공식품과 인스턴트식품은 간 건강에 해롭다. 단순당이나 과당이 많이 들어가 있는 음료수나, 지방이 많이 들어 있는 음식도 마찬가지다. 현대인이 즐겨 찾는 햄, 소시지, 통조림식품, 과자, 인스턴트커피, 과일주스, 삼겹살 등이 대표적으로 간에 좋지 않은 음식인 것이다.

　습한 곳에 오래 놔둔 견과류나 곡물도 간 건강을 위해 피하는 것이 좋다. 땅콩, 호두, 피스타치오, 잣, 옥수수 등을 습한 곳에 보관하면 아스페르길루스라는 곰팡이가 잘 생기는데, 이 곰팡이에는 아플라톡신이 들어 있기 때문이다. 아플라톡신은 발암물질로 분류될 만큼 인체 독성이 강하며, 오래 섭취하면 간괴사, 간경변, 간암 등이 초래될 수 있다. 과거 국내에서는 아플라톡신이 흔치 않았지만 수입 식품이 많이 들어오는 요즘은 그렇지 않다. 식품의약품안전처에서 전국의 할인마트, 백화점, 재래시장 등에서 판매되는 관련 식품에 대해 아플라톡신 오염도를 조사한 결과, 565개 식품 중 27건에서 아플라톡신이 검출됐다. 땅콩버터 16건, 잣 2건이었다. 또, 한국소비자보호원이 서울 지역 할인점과 재래시장에서 판매하는 견과류를 대상으로 아플라톡신 수치를 조사한 결과에서 베트남에서 수입한 한 견과류제품에서 아플라톡신 기준치가 8배 넘게 나왔다.

아플라톡신의 위험에서 벗어나려면 견과류를 제대로 보관해야 한다. 1회 섭취할 만큼만 가정용 진공포장기로 포장하여 냉장 또는 냉동 보관하는 것이 가장 안전하다. 진공포장기가 없을 경우 적정량만큼 지퍼백에 넣고 안쪽 공기를 최대한 뺀 후, 냉장이나 냉동 보관한다. 이런 과정이 복잡할 때는 소포장 견과류를 사서 냉장이나 냉동 보관하는 것이 좋다.

HOW TO 4 음식으로 간을 디톡스하라

소리 없이 간을 망치는 습관이 당신의 일상을 지배한다면 음식으로 간을 규칙적으로 디톡스하자. 방법은 간단하다. 3개월마다

2~3일간 밥 대신 해독주스를 먹으면 된다. 해독주스는 토마토, 우엉, 브로콜리, 케일, 비트, 양배추, 아스파라거스, 아욱, 시금치 등을 갈아서 만든다. 이들 식품에는 간의 해독 기능을 돕는 비타민과 아미노산 등이 풍부하다. 디톡스 기간에는 육류와 술, 담배를 삼가는 것이 좋다.

2~3일간 해독주스만으로 버티기 힘들 때는 집에서 만든 요거트 같은 음식을 먹는 것도 좋다. 유산균 함량이 적고 당 성분이 높은 음식은 일반적으로 권유하지 않는다. 유산균이 풍부한 요거트를 선택한 경우 유산균은 장 속에 생기는 유해균 억제 작용을 해서 장에서 생긴 내독소(endotoxin)가 간에 손상을 입히는 것을 예방한다.

배가 고파서 힘들면 아몬드를 첨가해 먹어도 좋다. 아몬드에는 지방이 많지만 몸에 좋은 불포화지방산이 풍부해서 간에 쌓인 지방 제거에 도움이 된다. 또한 아몬드는 항산화 효과를 내기 때문에 간 건강에 이롭다. 하루 15알의 아몬드(약 16㎎)를 섭취하는 사람은 아몬드를 섭취하지 않는 사람에 비해 간암 위험이 40% 낮다는 연구 결과가 있다.

생활 속 독소를 최소화하라

HOW TO 1 식품 라벨을 보고 제품을 선택하라

HOW TO 2 기름기 많은 가공식품은 데쳐 먹어라

HOW TO 3 일회용 식기는 멀리, 친환경 식기는 가까이

HOW TO 4 환기와 가습으로 미세먼지를 잡아라

HOW TO 5 새 옷은 반드시 세탁 후 입어라

생활 속에서 우리는 시시때때로 간 독소를 접한다. 먹거리에 든 방부제와 식품첨가물, 농약, 중금속은 시작에 불과하다. 일회용 젓가락, 컵만이 아니라 온갖 종류의 식기에 환경호르몬 같은 독소가 검출된다. 건축자재, 가구, 옷, 장난감을 비롯해 화장품,

약, 세제, 살균제 같은 우리가 일상에서 접하는 곳곳에 독소가 들어 있는 것도 사실이다. 여기에 담배 속 유해물질, 미세먼지, 황사도 예외는 아니다. 삶에서 우리는 간 독소에서 완전히 자유로울 수는 없다. 하지만 생활 속에서 간 독소를 현명하게 줄일 길은 분명 있다. 생활 속에서 간 독소를 최소화하는 방법에 대해 알아본다.

HOW TO 1 식품 라벨을 보고 제품을 선택하라

식품을 살 때는 항상 식품 라벨을 먼저 확인하자. 유사한 제품 가운데 합성감미료, 합성보존료, 산화방지제 같은 식품첨가물이 덜 들어간 제품, 유기농 혹은 저농약 제품, 국산 제품을 고르면 생활 독소를 꽤 줄일 수 있는 까닭이다.

같은 종류의 가공식품도 제품에 따라 식품 라벨에 적혀있는 식품첨가물의 수는 분명 다르다. 유사한 제품이라면 사카린나트륨, 소르빈산칼륨, 아황산나트륨, 인산염 같은 식품첨가물 수가 적은 제품을 고르자. 유기가공식품인지도 확인하자. 100% 유기농산물을 사용한 제품은 유기 100%라는 용어를 제품명에 사용할 수 있으며, 인증표시와 로고가 표시되어 있다.

육류를 구입할 때는 친환경축산물인지, 무항생제 인증이나 유기축산 인증을 받은 고기인지를 확인하자. 동물복지인증제를 통과한 제품은 항생제와 성장촉진제를 사용하지 않는다. 무항생제축산물은 항생제가 첨가되지 않은 일반 사료로 키운 축산물이다. 닭고기를 살 때도 유기축산물 인증을 거친 것을 택한다. 계란 역시 유기 인증이나 무항생제 인증을 확인한 후 구입하는 것이 좋다.

어패류는 원산지를 확인한 뒤 구입하자. 양식보다 자연산이 좋고, 가까운 바다에서 잡힌 어패류보다 먼 바다에서 잡히는 어종이 좋다. 물고기는 큰 것보다 작은 것이, 심해어 보다 천해어가 수은 같은 중금속 오염이 적다.

농산물은 친환경농산물 품질 인증제를 확인하자. 유기농 · 무농약 · 저농약 재배 인증 제품을 고르면 된다. 유기농산물은 농약과 화학비료를 일절 사용하지 않고 재배한 농산물로, 유기물이 3% 이상 함유되어 있다. 무농약농산물은 농약을 사용하지 않지만 화학비료는 권장량의 3분의 1 이내 사용한 제품이다. 저농약농산물은 농약을 안전사용 기준 살포 횟수 2분의 1 이하, 화학비료를 권장량의 2분의 1 이내로 써서 재배한 제품으로, 잔류농약이 농산물의 농약잔류 허용 기준의 2분의 1 이하일 때 인증한다.

쌀의 경우, 유기재배 인증이 있다. 화학비료를 쓰지 않고 3년 이상 유기재배를 한 것에 한해 인증한다. 무농약 재배 인증은 농약과 살충제를 쓰지 않고 재배한 쌀에 한해 내준다.

설탕, 고추장, 된장, 간장 같은 제품은 유기농 제품을 구입하자. 설탕은 유기농 제품도 좋지만, 꿀, 홍시 같은 설탕 대체 자연식품을 쓰는 것이 더 좋다. 고추장과 된장, 간장은 고추, 콩의 원산지가 국내인지 확인하자. 수입한 고추나 콩은 운송 과정에서 농약 처리를 많이 하기 때문이다. 고추장과 된장은 요즘 가정에서 직접 담가 판매하는 제품도 있다.

HOW TO 2 기름기 많은 가공식품은 데쳐 먹어라

음식을 섭취할 때 독소의 영향권에서 최대한 멀어지기 위해서는 인스턴트음식이나 가공식품을 되도록 먹지 않아야 한다. 식당이나 레스토랑에서 음식을 조리할 때는 가공식품을 많이 쓰기 때문에, 외식도 멀리 해야 한다. 가정에서 직접 조리해 먹는 음식이 밖에서 사먹는 음식보다 독소 위험이 낮다는 사실은 누구나 안다. 대형마트나 편의점에서 김밥을 사먹기보다 집에서 김밥을 해먹는 것이 훨씬 독소 섭취가 적다. 독소 위험을 더 낮추려면 음식을 조리할 때 식재료로 가공식품 대신 천연식자재를 쓴다. 김밥을 쌀 때, 햄 대신 고기를 넣고 단무지 대신 볶은

김치를 넣으면 식품첨가물 섭취를 크게 줄일 수 있다.

　가공식품을 완벽히 먹지 않고 살기는 어렵다. 가공식품은 무엇보다 조리가 쉽고 편리하기 때문에 바쁜 현대인의 손이 절로 가게 마련이다. 하지만 가공식품을 먹는다는 것은 식품첨가물을 먹는다는 말과 다르지 않다. 식품첨가물 없이는 가공식품을 만드는 것 자체가 아직 불가능하기 때문이다. 하지만 식품첨가물 섭취를 최소화할 수 있는 방법이 없는 것은 아니다. 가공식품을 섭취할 때는 조리 과정에서 산도조절제, 산화방지제, 착색제, 살균제, 응고제 같은 식품첨가물을 제거하는 방법이 있기 때문이다.

　가장 쉬운 식품첨가물 제거 방법은 흐르는 물에 씻는 것이다. 특히 기름기가 없는 단무지나 두부, 맛살 같은 가공식품은 찬물에 씻는 것으로 식품첨가물을 크게 줄일 수 있다.

　기름기가 많은 가공식품은 물에 씻는 것만으로는 부족하다. 햄, 소시지, 어묵, 라면 같은 가공식품은 뜨거운 물에 살짝 데치는 것이 식품첨가물 제거에 효과적이다. 식품첨가물은 높은 온도에 약하기 때문에 뜨거운 물에 데칠 때 많이 제거된다. 기름기가 많은 가공식품을 데치면 트랜스지방까지 효과적으로 없앨 수 있다. 가공식품을 데친 물에는 식품첨가물이 녹아 있기 때문에, 버리고 새 물로 음식을 조리한다.

통조림으로 나온 햄, 참치, 연어, 꽁치, 고등어 같은 가공식품은 기름 성분을 최대한 제거하고 먹는다. 통조림식품에 든 식품첨가물은 대부분 기름 속에 녹아 있기 때문이다. 기름을 모두 제거하거나 따라낸 뒤 키친타월 같은 것으로 한 번 더 기름기를 제거한다.

식품첨가물을 미처 제거하지 못하고 조리했을 때도 방법이 있다. 채소와 과일 같은 비타민과 무기질이 풍부한 음식을 곁들여 먹는 것이다. 비타민과 무기질은 식품첨가물이 간에서 빨리 제거되는 것을 돕고, 항산화 효과와 항암 효과를 내서 인체를 보호한다.

HOW TO 3 일회용 식기는 멀리, 친환경 식기는 가까이

음식을 담아먹는 식기에도 독소가 나오는데, 이 독소도 최소화하는 방법이 있다.

첫 번째는 종이나 플라스틱 재질의 일회용 식기를 멀리하는 것이다. 요즘 일회용 식기는 젓가락, 숟가락, 포크를 비롯해 그릇, 접시, 컵 등 다양하게 나와 있다. 배달음식과 인스턴트 음식이 한국인의 생활 속 깊숙이 침투하면서 일회용 식기 사용이 자연스럽다. 하지만, 종이나 플라스틱 재질의 일회용 식기에는 환경호르몬이 나올 수 있다. 때문에 일회용 식기는 해독장기 간에 부담이 될 수 있다. 야외에서 음식을 먹을 때는 어쩔 수 없지만, 집이나 회사에서 배달음식이나 인스턴트음식을 먹을 때는 가능한 일반 식기를 사용하자. 어쩔 수 없이 일회용 식기를 써야 할 때는 한 번 물에 헹군다. 긴 외출을 할 때는 텀블러를 들고 다니자. 텀블러를 쓰면 간 건강에도 이롭지만 커피전문점 같은 곳에서 조금 저렴하게 음료를 마시는 득까지 볼 수 있다.

친환경 식기는 되도록 가까이 하자. 대표적인 친환경 식기가 도자기, 뚝배기 같은 흙으로 만든 식기다. 친환경 식기지만 방수성과 내구성을 위해 굽기 전 화학합성 유약을 바르기도 한다. 그래서 흙으로 만든 식기도 독소가 제로가 아닐 수 있다. 독소를 줄이려면 새로 산 친환경 식기를 뜨거운 물에 삶은 뒤 사용한다.

HOW TO 4 환기와 가습으로 미세먼지를 잡아라

공기 중에 떠도는 미세먼지는 그 자체가 독소이다. 황산염, 질산염, 암모니아 같은 유해물질이 뭉쳐진 것이 미세먼지이기 때문이다. 입자 크기에 따라 미세먼지(지름 2.5~10㎛)와 초미세먼지(지름 2.5㎛ 이하)로 구분되는데, 초미세먼지는 눈에 보이지 않을 만큼 작기 때문에 미세먼지보다 인체에 해악이 더 크다. 의식하지 못한 사이 입과 코를 통해 호흡기와 소화기로 인체에 들어와서 암 같은 온갖 질환을 초래하는 까닭이다.

실내공간에서 미세먼지와 초미세먼지를 잡기 위해서는 환기와 가습이 중요하다.

하루 세 번 창문을 열어 환기를 시키면 안팎의 공기가 교환되어 실내 미세먼지를 많이 없앨 수 있다. 바람이 불 때나 황사가 심한 날에는 환기를 피한다. 이때는 공기청정기를 사용해서 공기를 정화한다. 미세먼지가 쌓이기 쉬운 커튼과 카펫은 매일 청소할 때마다 한 번씩 밖에서 털어준다.

실내 습도는 항상 40~60%가 되게 맞춘다. 적정 습도가 유지되어야 인체로 들어오는 미세먼지를 줄일 수 있고, 기침, 가래로 미세먼지를 쉽게 배출할 수 있다. 미세먼지가 기승을 부릴 때는 실내 습도를 50% 이상 높여준다.

가습기나 젖은 수건으로 적정 실내 습도를 맞추는 것도 좋지만 식물을 이용하는 것이 더 좋다. 식물은 흡수한 물의 99% 가량을 잎을 통해 공기 중으로 배출해서 가습 효과가 탁월하다. 더구나 식물은 공기를 정화하는 효과까지 낸다. 습도는 식물의 수가 많을수록, 식물의 잎사귀가 많을수록 높다.

야외로 나갈 때는 수분 섭취로 미세먼지의 해악을 줄인다. 수분을 충분히 섭취하면 코와 입을 통해 호흡기로 들어온 미세먼지를 쉬이 배출할 수 있고, 몸속 깊이 들어온 미세먼지 속 유해물질도 쉬이 몸 밖으로 빼낼 수 있다. 외출할 때 물통이나 텀블러를 챙겨서 틈틈이 물을 조금씩 마시면 된다. 황사가 있는 날이나 미세먼지 농도가 높은 날에는 중금속 농도가 높기 때문에 되도록 외출을 피한다. 외출해야 할 때는 마스크까지 착용한다. 외출한 뒤에는 집에 들어오기 전 옷을 털고 집에 들어와서는 바로 손과 발을 씻는다.

HOW TO 5 새 옷은 반드시 세탁 후 입어라

옷에도 독소가 있다. 옷을 만드는 과정에서 합성 방부제나 보존료 같은 첨가물질을 쓸 수밖에 없기 때문이다. 요즘 옷은 합성섬유로 만든 제품이 많은데, 합성섬유는 옷의 유연성을 위해 포름알데히드까지 사용한다. 포름알데히드는 독성이 높은 물질로, 국제암연구기구가 발암물질로 지정한 바 있다. 기체 상태의 포름알데히드를 흡입하면 암을 비롯한 각종 질병이 초래될 수 있다.

포름알데히드, 합성 방부제 같은 첨가물의 독성을 줄이기 위해서는 새 옷을 입기 전 세탁을 해야 한다. 양말, 모자, 침구, 카펫, 커튼도 예외는 아니다. 섬유로 만든 제품은 물에 빨고 햇볕에 말리는 과정에서 첨가물을 상당 부분 없앨 수 있다.

하지만 요즘 현대인들은 바쁘다는 핑계로 새 옷, 새 양말, 새 모자, 새 침구, 새 카펫, 새 커튼을 구입한 뒤, 세탁하지 않는다. '새 것이니 깨끗하겠지'라는 생각은 잘못이다. 눈에 보이지 않는 독소를 제거하기 위해 새로 산 섬유 제품은 반드시 사용 전 세탁하는 습관을 들여야 한다.

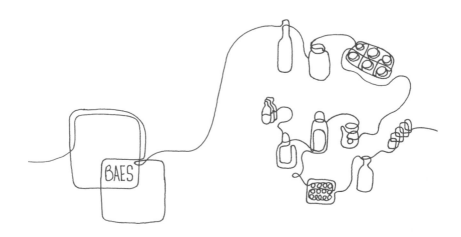

운동으로 간을 디톡스하자

HOW TO 1 유산소운동과 무산소운동을 같이 해라
HOW TO 2 유산소운동보다 무산소운동을 먼저 해라

간 디톡스를 말할 때, 운동은 결코 빠지지 않는다.

운동을 하지 않으면 생활 속에서 쌓인 간 독성물질과 노폐물이 몸 밖으로 빠져나가는 속도가 느려진다. 또한 지방은 간 건강에 득보다 실이 훨씬 많은데, 운동을 하지 않으면 우리 몸에 지방이 잘 쌓인다. 그래서 운동을 통해 간 내 지방의 양을 관리하는 것이 간 디톡스에 중요한 포인트다.

운동은 간 내 지방의 양을 3가지 방법으로 조절한다. 첫째,

운동은 지방이 간으로 유입되는 양을 줄인다. 둘째, 운동은 간 내에서 만들어지는 지방 생산량을 줄인다. 셋째, 운동은 지방과 함께 간 독성물질과 노폐물을 간 밖으로 쉽게 배출되게 한다. 간 건강을 위해서 운동은 선택이 아닌 필수인 것이다.

HOW TO 1 유산소운동과 무산소운동을 같이 해라

간 건강을 위한 운동법은 크게 2가지로 나뉜다. 몸속에 산소를 받아들이면서 하는 유산소운동과 인체 근육을 이용한 무산소운동(근력운동)이 그것이다.

지방을 태우는 운동은 단연 유산소운동이라는 선입견이 있다. 물론 유산소운동은 산소를 동원하여 체내 지방을 태우는 효과가 탁월하다. 하지만 무산소운동을 하지 않은 채 유산소운동만 하면 지방과 함께 단백질이 대사되어 근육 손실이 초래된다. 근육은 인체 공장 간이 처리할 당을 같이 처리하는 하청공장이기 때문에, 근육이 손실되는 것은 간 건강에 결코 이롭지 않다. 오히려 간의 하청공장 역할을 맡는 근육을 무산소운동으로 키우는 것이 간 디톡스에 도움이 된다. 더구나 무산소운동은 유산소운동보다 더 길게 에너지를 소비한다. 유산소운동은 운동을 마치면 에너지 소비가 곧바로 중지되지만, 무산소운동은 근육이 생긴 시점부터 운동을 중단해도 8시간 동안 자신의 기초대사량 이상을 계속 소비하는 까닭이다.

따라서 간 디톡스 효과를 극대화하기 위해서는 운동할 때 유산소운동과 무산소운동을 같이 해야 한다.

간 디톡스를 위해 운동은 일주일에 3~4회, 매번 30~60분 정도 유산소운동과 무산소운동을 하는 것이 좋다. 이때 중요한 포인트가 있다.

바로 개인의 역량에 따라 운동 시간과 강도를 조절해야 한다는 것이다. 운동 시간과 강도 조절에 실패하면 간 디톡스 효과는 한 순간에 날라 간다. 무리한 운동은 활성산소 같은 간 독성물질을 많이 만들어내 오히려 간을 손상시키는 까닭이다.

그래서 일주일에 5일 이상 운동은 간 디톡스를 위해 권하지 않는다. 한 번 운동할 때도 1시간을 넘어서는 안 된다. 운동은 끝난 뒤 기분 좋은 피로감이 몰려올 정도로 시간과 강도를 맞춰야 간이 제대로 디톡스된다.

HOW TO 2 유산소운동보다 무산소운동을 먼저 해라

간을 디톡스하는 운동에는 순서가 있다. 걷기, 달리기, 자전거 타기 같은 유산소운동과 탄력밴드, 짐볼, 아령 등을 이용한 무산소운동 중 먼저 해야 하는 운동이 있는 것이다. 그럼 어떤 운동을 먼저 해야 할까?

대부분의 사람들이 운동을 할 때 유산소운동을 먼저 하는데, 무산소운동을 먼저하는 것이 맞다. 왜 무산소운동을 유산소운동보다 먼저 해야 할까. 그 이유는 다음과 같다.

유산소운동을 할 때 지방은 운동 직후부터 타지 않는다. 인체가 예열되어 유산소운동 시스템으로 전환되는데 5분이 걸리므로, 지방은 유산소운동 시작 5분 뒤부터 산소가 동원되면서 탄다. 따라서 5분의 운동시간을 헛되이 보내지 않으려면 먼저 무산소운동을 해서 우리 몸을 유산소운동 시스템으로 전환한다.

간 내 지방을 효과적으로 소모하는 유산소운동도 따로 있다. 바로 걷기 같은 강도가 낮은 유산소운동이다.

달리기 같은 강도 높은 운동을 할 때보다 걷기 같이 강도가 낮은 운동을 할 때 지방이 더 많이 탄다. 강도가 높은 유산소운동이 탄수화물을 주요 에너지원으로 삼는다면 강도가 낮은 유산소운동은 지방을 주요 에너지원으로 소모하는 까닭이다.

스트레스 그때그때 풀어라

HOW TO 1 갈등하지 말고 선택하라

HOW TO 2 업무 시간과 개인 시간을 분리하라

HOW TO 3 감정표현에 솔직 하자

HOW TO 4 스트레스의 실체를 분석하라

HOW TO 5 막다른 골목에선 행복을 선택하라

간 독소인 스트레스가 쌓이는 일상에서 한국인은 나름의 해소법을 찾아야 한다. 스트레스는 적당 수준이면 삶의 원동력이 되지만 해소되지 않고 차곡차곡 쌓이면 심각한 독소가 되어 만병의 근원이 되기 때문이다. 몸과 마음의 스트레스를 그때그때 해소하는 방법에 대해 살펴본다.

HOW TO 1 갈등하지 말고 선택하라

몸과 마음에 스트레스가 가장 쌓이는 순간은 갈등할 때다.

'지금 일만으로도 이렇게 허덕이는데, 이 일까지 내가 해야 되나?'

'저번에는 진행하라더니 이번에는 그만하라고? 업체까지 다 선정해 놨는데, 정말 지금 그만 둬야하는 건가?'

'별일 아닌 일로 다툰 건데, 이번에도 내가 먼저 사과할까? 아냐. 계속 숙이고 들어가는 건 아닌 거 같아. 좀 더 기다려볼까?'

인간은 흔들리는 갈대 같은 존재이기 때문에 당연히 갈등한다. 갈등하는 인간과 인간이 만났으니 매사에 갈등은 피할 수 없다. 그런데 갈등하는 시간동안 스트레스는 차곡차곡 쌓인다. 갈등하는 시간이 길수록 스트레스는 더 쌓이게 마련이다.

스트레스를 줄이려면 따라서 갈등하는 시간을 줄여야 한다. 선택의 순간, 스트레스는 더 이상 스트레스가 아닌 것으로 변한다. 따라서 갈등 상황에서 한번 심사숙고한 뒤, 향방을 빨리 정해서 스트레스를 줄이는 것이 필요하다.

'지금 업무도 벅찬데, 또 내가 해야 하는 거야?'라고 계속 생각하며 우걱우걱 일하는 것은 스트레스를 쌓이게 한다. '내 업무도 과하지만 다른 사람들 업무 부담보다 상황이 좋네. 내가 맡아서 하자'라고 선택하거나 '강 과장 업무가 이번 주면 끝난다는데, 강 과장이 맡아도 충분하니까 업무 조정을 먼저 요청해봐야겠네'라고 정하는 것이 스트레스에서 벗어나는 길이다.

HOW TO 2 업무 시간과 개인 시간을 분리하라

일에 매여서 24시간을 살면 몸과 마음이 자연히 지친다. 일이 끝났지만, 집에서도 일 생각 때문에 쉰 것도 아니고 안 쉰 것도 아닌 시간을 보내면 제대로 활력을 충전하기 어렵다. 퇴근할 때 일거리를 가져와서 하릴 없이 책상 앞에서 시간을 보내다가 결국 출근해서 일하는 것은 괜히 스트레스를 더하는 일이다.

따라서 쉴 때는 제대로 쉴 수 있게 일에서 완전히 벗어나야 한다. 회사 문을 나서는 순간부터 완전히 회사 일을 잊고 철저히 내 개인 시간으로 들어가는 것이다. 이때부터는 친구를 만나거나 가족과 함께 시간을 온전히 보내고, 운동, 명상, 멍하게 있기, 마사지, 독서, 음악감상, 영화보기 등을 하며 에너지를 충전한다. 주말에는 친구나 연인, 가족과 함께 공원에서 시간을 보내며 현재 내가 인생의 어디 서있는지 한번쯤 생각해본다. 때론 근교로 여행을 가서 숲길을 걷고 맛있는 음식을 먹으며 삶을 즐긴다. 회사 밖에서는 철저히 개인 시간을 보낸 만큼 회사 문을 들어서는 순간부터는 완전히 일에 몰입한다.

24시간 시간 관리를 하는 것도 스트레스를 줄여준다. 아침에 일어난 순간 하루 일정을 머릿속에 그려 넣고 계획대로 하루를 보내면, 업무 시간과 개인 시간 어느 하나 낭비 없이 보낼 수 있다.

HOW TO 3 감정표현에 솔직 하자

현대인은 일상에서 친숙한 사람보다 친숙하지 않는 타인과 더 자주 부딪히며 살아간다. 때문에 일상에서 느끼는 우울, 불안, 분노, 슬픔, 기쁨, 의기양양, 사랑, 후련함 등등 셀 수 없는 다양한 감정을 표현하기보다 억누르는데 익숙하다.

하지만 감정을 자제하는 것은 결국 스트레스를 쌓이게 한다. 표현하지 않은 감정은 사라지지 않고 흔히 제자리에서 맴돌며 우리를 지배하기 때문이다.

감정표현을 흔히 어려워한다. 하지만 감정표현은 결코 어려운 일이 아니다. 감정표현은 언어로 감정을 풀어내면 되는 일이기 때문이다. 내 감정을 말이나 글, 손짓, 눈빛으로 낱낱이 풀어내어 뇌에 정확히 인식되게 하면 우리는 감정의 물꼬를 틀 수 있다. 실제 감정은 친숙한 사람에게 솔직한 마음을 말하는 것만으로 해소된다. 감정표현을 꾸준히 할 수 있는 휴먼네트워크가 있는 사람은 그래서 스트레스가 적다. 일주일에 적어도 한두 번은 친구나 애인, 가족을 만나 자신의 감정을 솔직히 풀어놓는 시간을 갖자.

감정을 나눌 사람이 없는 순간에는 자신의 감정을 머릿속에 또박또박 떠올리거나 노트에 쓰자. 내 감정을 타인이 아닌 내 뇌에게 말하는 것이다. 그것만으로 스트레스는 어느 정도 풀린다.

감정에 따라 충실히 행동할 때도 스트레스는 해소된다. 행복할 때는 가능한 크게 웃고, 슬플 때는 속 시원히 운다. 서글플 때는 노래 한 소절에 마음을 싣고, 기쁠 때는 리듬에 몸을 싣는 것이 일상에서 스트레스를 줄여준다.

HOW TO 4 스트레스의 실체를 분석하라

심한 스트레스로 감정이 격할 때는 일단 마음속으로 '그만'을 외친다. 생각이 정지된 뒤에는 크게 심호흡을 하며 지금의 격한 감정의 실체를 인식하고, 날숨으로 그 감정을 조금씩 뱉어낸다.

심호흡으로 차분해진 뒤에는 스트레스를 초래한 원인을 객관적으로 따져본다. 똑같은 스트레스 상황일 때, 타인도 나와 같은 반응을 보일지 생각하거나 TV 속 드라마의 한 장면을 보듯 3자의 눈으로 스트레스를 유발한 사건을 바라본다.

'이건 충분히 스트레스를 받을 만한 일이야'라는 결론이 나올 때, 일단 그 사실을 인식한 것만으로 스트레스가 준다. 해결책을 찾을 수 없는 스트레스일 때는 낮잠, 수다, 쇼핑, 운동, 명상 같은 나름의 스트레스 해소법으로 바로 스트레스에서 벗어난다. 그 뒤 '이제 끝났다'라는 사실을 뇌에게 인식시키면 우리는 리셋 되어 다시 원점에서 시작할 수 있다.

'스트레스 받을 만한 일이 아니었네'라는 결론이 나올 때, 그 사실을 인식하는 순간 스트레스는 사라진다. 이때 더 깊게 들어가서 왜 나만 유독 스트레스를 심하게 받았는지 분석해본다. 지나치게 완벽을 추구하거나 비판하는 내 성격 탓은 아닌지, 타인에게 인정받으려는 욕구가 너무 과하거나 특정 타인에게 너무 과한 것을 요구한 때문은 아닌지 등등 깊게 파고 들어가는 것이다. 스트레스의 원인을 확인하면 다음에 똑같은 상황이 와도 덜 스트레스를 받는다. 그 원인이 불합리한 것임을 알게 된 까닭이다.

더 나아가 스트레스의 원인을 차단하는 노력을 한다. 지나치게 완벽을 추구하는 성격 탓이라면 조금씩 스스로를 바꾸는 시도를 한다. '꼭' '반드시' 같은 말로 스스로를 자극하지 말고, '그럴 수도 있지' '그 정도면 충분해' 같은 말로 지나침에서 벗어난다.

HOW TO 5 막다른 골목에선 행복을 선택하라

스트레스는 스스로 어찌해볼 수 없는 것에서 비롯되기도 한다. 홀로 남겨진 노후, 갑작스런 사건사고, 분노조절장애를 앓는 상사, 생각지 못한 지방 발령처럼 자신의 의지와 상관없이 현실을 그대로 받아들여야 할 때도 스트레스는 어김없이 찾아온다. 이때는 스스로를 대책 없이 불행으로 모는 것보다 행복을 택하는 것이 스트레스에서 벗어나게 해준다.

'화재로 모든 것을 잃었어'라고 비관하기보다 '그래도 우리 가족은 모두 멀쩡하잖아'라고 긍정할 거리를 찾으면 스트레스는 준다. 실직 앞에서 내 단점만 생각하며 비관하기보다 내 장점을 떠올리며 재기할 에너지를 축적하는 것도 마찬가지 효과를 낸다.

때론 아무 자극 없는 무미건조한 일상이 스트레스가 된다. 삶이 무미건조할 때는 즐거운 상상을 하거나 웃을 거리를 찾아서 웃는 것만으로 스트레스가 사라진다.

　행복을 선택하는 스트레스 해소법은 어렵지 않다. 긍정적으로 말하기, 감사 편지 쓰기, 선행하기, 행복일기 쓰기, 즐거운 추억 떠올리기, 용서하기, 웃기 같은 일이 우리를 분명 스트레스에서 벗어나게 한다.

간을 지키는 5가지 음주법

HOW TO 1	주종과 상관없이 2잔에 만족하라
HOW TO 2	간이 회복할 2~3일의 시간을 줘라
HOW TO 3	술을 마실 땐 음식을 가까이 하라
HOW TO 4	술보다 물을 더 많이 마셔라
HOW TO 5	해장이 필요할 땐 제대로 해라

술은 간에 독이다. 하지만 삶이 고달파 한 잔 술을 찾게 되기도 하고, 살다보면 술을 마실 수밖에 없을 때도 있다. 음주 뒤 숙취에 시달리는 한국인이라면 누구나 한 번쯤 간을 지키며 술을 마실 수 있는 음주법은 고민해봤을 법하다. 간을 지키는 음주법은

진짜 있는 것일까? 그에 대한 해답을 진지하게 모색해본다.

HOW TO 1 주종과 상관없이 2잔에 만족하라

간에 큰 무리를 주지 않는 술의 절대 양이 있다.

주종과 상관없이 하루 최대 주량이 남성은 2잔, 여성은 1잔이다. 하루 알코올 섭취량으로 따지면 남성은 20g 이하, 여성은 10g 이하이다. 이것이 대한간학회가 권장하는 1일 알코올 섭취 허용량이다. 남성 기준으로 주량을 따져보면, 소주 100mL(2잔), 맥주 600mL(2~3잔), 막걸리 360mL(2잔), 포도주 240mL(2잔), 양주 60mL(2잔) 이하이다.

사회생활을 하면서 술자리에서 1~2잔 이하로 술을 자제하는 것이 어려울 수 있다. 하지만 천천히 마신다면 결코 어려운 일이 아니다. 또한 '1~2잔을 넘어선 술부터 간에 무리가 온다'는 사실을 알면 분명 조심하게 된다. 2시간 내에 주종에 상관없이 남성이 5잔 이상, 여성이 4잔 이상 술을 마시면 폭음을 한 것이다.

술은 술을 부르기 때문에 자제가 필요한 것도 사실이다. 처음에는 내가 술을 먹는 것이지만, 폭음을 하면 어느새 술이 나를 먹고 있다. 간이 알코올에 잠기면 잠길수록 간은 알코올을 처리할 능력을 상실하기 때문에 손상은 더 심해진다. 2잔으로 그칠 수 없다고 자제하기를 포기하지 말아야 하는 이유이다. 술은 알코올 섭취량에 정확히 비례해 손상된다!

`HOW TO 2` 간이 회복할 2~3일의 시간을 줘라

간은 알코올을 분해하고, 해독하는 장기다. 그럼 간이 알코올을 분해하는 데는 얼마의 시간이 걸릴까. 건강한 성인의 간이 한 시간에 분해하는 알코올 양은 체중 1kg 당 0.1g 정도다. 50kg의 건강한 성인 여성이라면 하루 알코올 섭취 최대 허용량 10g(소주 1잔)을 분해하는데 2시간이 걸린다.

건강한 성인은 소주 한 잔을 분해하는데 1시간 반에서 2시간 가량이 걸리는 것이다. 소주 양에 따라 성인의 알코올 분해 시간을 살펴보면 소주 반병과 한 병, 두 병일 때 각각 5~7시간, 10~15시간, 20~30시간 걸린다는 계산이 나온다.

알코올은 그 자체가 간 독성물질인 데다, 알코올이 분해되는 과정에서 만들어진 아세트알데히드 같은 중간물질도 간 독성을 유발한다. 알코올이 모두 분해됐어도 알코올에서 비롯한 독성 물질이 간을 공격한다. 알코올로 인해 상처난 간이 치유되는 시간까지 고려하면 남성은 소주 한 병, 여성은 소주 반병을 마셨을 때, 2~3일은 금주를 해서 간이 충분히 회복될 시간을 줘야 한다. 남성은 소주 두 병, 여성은 소주 한 병을 마셨을 때, 일주일은 금주가 필요하다. 이미 일주일에 해독할 수 있는 주량을 넘었기 때문이다.

술을 마신 뒤 간이 술의 독성으로부터 회복되지 않고 다시 술에 노출되면, 간세포가 손상되고 간세포의 재생 능력도 약해진다. 적은 양의 술이라도 결코 매일 마셔서는 안 되는 것이다.

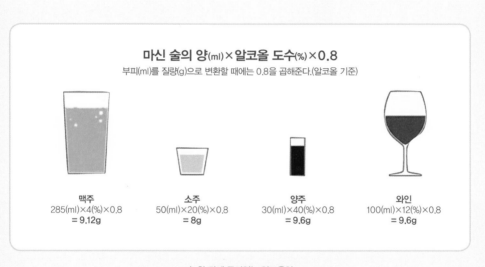

마신 술의 양(ml)×알코올 도수(%)×0.8
부피(ml)를 질량(g)으로 변환할 때에는 0.8을 곱해준다.(알코올 기준)

맥주
285(ml)×4(%)×0.8
= 9.12g

소주
50(ml)×20(%)×0.8
= 8g

양주
30(ml)×40(%)×0.8
= 9.6g

와인
100(ml)×12(%)×0.8
= 9.6g

술 한 잔에 들어있는 알코올양

HOW TO 3 술을 마실 땐 음식을 가까이 하라

일명 '술배'를 이유로 술자리에서 술 다이어트가 아닌 안주 다이어트를 하는 사람이 있다. 하지만 간 독성물질 '알코올'로부터 간을 최대한 보호하기 위해서는 평소보다 술자리에서 음식을 더 가까이 해야 한다. 술자리에서 술만 마시다가 자칫 술에 먹히면 과음한 그 자체로 '술배'가 나온다. 술이 지방에 버금가는 고칼로리이기 때문이다.

술은 고칼로리이기는 하나 영양가는 전혀 없다. 그러나 간이 제대로 알코올을 대사하고 해독하기 위해서는 평소보다 단백질, 비타민, 미네랄 같은 영양소가 더 많이 필요하다. 따라서 술자리에서 안주 다이어트를 하면 알코올 해독에 필요한 영양 공급이 안 되어 간이 독성물질에 더 망가지게 된다. 술자리에서 간을 지키기 위해서는 단백질, 비타민, 미네랄이 풍부한 음식을 꼭 안주로 섭취해야 하는 것이다.

음식은 위장에서 알코올이 흡수되는 속도를 늦춰주는 효과도 있다. 간이 순식간에 많은 알코올에게 공격당하지 않게 안주와 술을 곁들이면 간을 조금 더 보호할 수 있다.

알코올의 흡수 속도를 낮추기 위해서는 텅 빈속에 술을 마시는 일도 피해야 한다. 술은 식전이 아닌 식후에 마셔야 간을 효과적으로 보호할 수 있다. 술자리에 앞서 식사를 하기 어렵다면 우유 한 잔이라도 마시자. 우유는 위벽을 코팅해서 알코올이 빨리 흡수되는 것을 막아준다.

안주 선정도 제대로 해야 간 건강을 챙길 수 있다. 삼겹살, 꽃등심, 닭튀김 같이 지방이 많이 든 고칼로리 음식은 간에 지방으로 축적되기 때문에 되도록 배제한다. 대신 회나 생선구이, 국이나 탕, 과일, 샐러드 같은 단백질, 비타민, 무기질이 풍부한 음식을 먹자. 어쩔 수 없이 고지방 음식을 먹게 될 때는 반드시 채소를 곁들여 먹는다.

HOW TO 4 술보다 물을 더 많이 마셔라

술자리에서는 항상 술보다 물을 더 많이 마셔야 한다.

물은 장에서 알코올 농도를 낮추고, 체내 알코올 흡수율을 떨어뜨리기 때문에 간 손상을 줄인다. 우리 몸에 수분이 충분하면 알코올이 간에서 빨리 분해, 해독되기 때문에 간은 덜 상한다.

술자리에서 물을 많이 마셔야 하는 이유가 또 있다. 간은 알코올을 분해하고 해독하는데 많은 양의 수분을 필요로 한다. 하지만 술을 마시면 수분이 몸 밖으로 빠져나가서 탈수가 잘 온다. 알코올이 항이뇨호르몬 분비를 억제해서 소변을 자주 보게 만들기 때문이다. 술을 마실수록 몸이 탈수되므로, 술보다 물을 더 많이 마셔서 우리 몸에 수분을 충분히 보충해야 하는 것이다.

물은 음주 시작 전부터 마셔두는 것이 좋다. 술잔을 들기 전에 먼저 물부터 한 컵 들이켠다. 술잔 옆에 물을 놓고 틈틈이 목을 축이거나 술 한 잔에 물 두세 잔 같은 공식을 마련하고 마시는 것도 방법이다. 술자리 뒤 자기 전에도 한 잔의 물을 챙겨먹는다. 이때 꿀을 곁들이면 더 좋다. 꿀물은 의사들이 뽑는 최고의 숙취해소 비법이다. 꿀물은 즉각적으로 당을 공급하여 알코올 분해를 돕는 조효소 생성을 도와주며 수분도 공급하여 간 건강에 도움이 된다.

HOW TO 5 해장이 필요할 땐 제대로 해라

하루 알코올 허용량 정도의 수준으로 마신 다음 날에는 굳이 해장이 필요치 않다. 하지만 과음한 다음 날에는 간 손상을 줄이기 위해 해장이 필요하다. 해장만 제대로 해도 알코올로 지친 간을 충분히 디톡스할 수 있다.

해장국으로 손꼽히는 콩나물국, 황태국, 복국, 조갯국 같은 음식은 간 디톡스에 큰 도움이 된다. 콩나물에 든 아스파라긴산은 알코올을 분해하는 효소 생성을 촉진하기 때문에 알코올에

절은 간을 보호한다. 타우린이 많은 생선과 조개로 끓인 북어국, 복탕, 조갯국도 해장음식으로 손색이 없다. 타우린은 알코올의 중간물질인 아세트알데히드를 빨리 없애주며, 산화작용을 억제해 간세포가 손상되는 것을 막아준다. 간세포의 재생을 돕는 효과도 있다.

콩, 두부, 녹황색 채소, 표고버섯, 바지락 같이 비타민B군이 풍부한 음식도 해장에 그만이다. 비타민B군은 알코올을 분해, 해독할 때 다량 필요한 영양성분인 까닭이다. 오징어, 문어, 새우 같은 식재료도 해장에 도움이 된다. 이 식품에 담긴 베타인에는 간의 해독 작용을 촉진하는 영양 성분이 담겨 있기 때문에 해장음식 재료로 추천된다.

미역 같은 해조류 음식도 해장에 좋다. 해조류는 알카리성 음식이기 때문에, 알코올로 산성화된 인체 밸런스를 맞춰준다. 우리 몸의 균형이 깨지면 간의 기능도 손상될 수 있으므로 균형을 맞추는 것이 중요하다.

해장법으로 알려져 있지만, 해장에는 전혀 도움이 안 되는 것도 있다. 오히려 간에 독이 되기도 하는데, 그 대표 격이 해장술이다. 해장술도 술일뿐이다. 이름에 속아선 안 된다. 과음 뒤 라면 같은 식품첨가물이 많이 든 음식을 먹는 것도 좋지 않다. 간에 독이 되는 식품첨가물이 든 음식도 알코올로 손상된 간을 더 망가뜨린다.

간에 독이 되는 일도 과음한 다음날에는 되도록 삼가자. 아침에 깨난 직후부터 담배를 피우며 하루 일과를 시작하는 것은 간을 더욱 해치는 일이다. 머리가 심하게 지끈거린다는 이유로 초과 용량의 타이레놀을 복용하는 것도 마찬가지다.

과음한 뒷날일수록 간에 독이 되는 일은 멀리하고, 간을 디톡스하는 일은 가까이 하자.

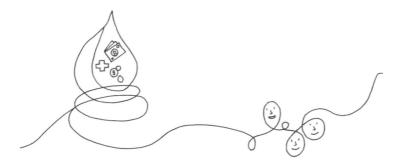

다이어트할 때 간 디톡스까지 챙겨라

HOW TO 1 일주일에 0.5kg만 빼라

HOW TO 2 음식 조절과 운동을 같이 하라

HOW TO 3 음식 조절은 가랑비에 옷 젖듯 하라

HOW TO 4 근육을 키워 간의 부담을 줄여라

잘못된 다이어트는 간에 독이다. 하지만 다이어트를 제대로 실천하면 간에 확실히 디톡스가 된다. 1~2kg의 체중만 빼도 간 내 혈관을 누르는 지방이 20%까지 준다.

간에 디톡스가 되는 다이어트 방법은 결코 어렵지 않다. 오히려 단기간 약에 의존하거나 무작정 굶는 식의 간에 독이 되는 다이어트보다 우리 몸에 무리가 적다. 간에 디톡스가 되는 다이어트 방법에 대해 알아본다.

HOW TO 1 일주일에 0.5kg만 빼라

짧은 기간 최대한 많은 체중을 빼는 다이어트에 대해 많은 사람이 주목한다. 그것이 성공한 다이어트라 생각하기 때문이다.

하지만 다이어트는 기간이 짧으면 짧을수록, 체중을 급격히 빼면 뺄수록 방법이 잘못된 것이 많아 실패로 끝나기 쉽다. 무작정 굶는 다이어트는 몸에 무리를 주며, 특히 간에는 오히려 지방을 쌓이게 한다. 과도한 운동으로 다이어트를 하면 몸에 무리가 오고, 간에 활성산소라는 독을 주입하는 결과까지 낳는다. 이처럼 잘못된 다이어트는 오래 하기 어렵고, 다이어트 뒤 요요를 불러서 실패로 막을 내리는 경우가 다반사다.

그럼 다이어트는 어떤 방식으로 해야 할까? 답은 어렵지 않다. 비만 의학자들이 한 목소리로 제시하는 다이어트 방법은 일주일에 0.5kg 내외로 천천히 체중을 줄이는 것이다. 간 건강에 이상적인 다이어트는 6개월에 걸쳐 체중의 10% 가량을 서서히 빼는 것이다.

빼야 할 체중이 많을수록 다이어트 기간은 길어져야 한다. 비만은 상당수 잘못된 생활습관이 초래한다. 때문에 오랜 기간에 걸쳐 생활습관을 바꿔가며 다이어트를 해야 결과적으로 성공한 다이어터가 된다.

HOW TO 2 음식 조절과 운동을 같이 하라

다이어트 방법은 열거하기 어려울 만큼 많다. 원푸드다이어트, 황제다이어트, 1일1식 등 모두 다 헤아리기 어렵다. 방법이 이렇게 많다는 것은 아직 확실한 답이 없다는 의미일 수도 있다. 물론 또 다른 의미가 담겨 있을 수 있다. 답은 있지만 결코 쉽지 않다는 것이 그것이다. 다이어트는 후자에 속한다고 할 수 있다.

비만은 잘못된 생활습관이 상당수 원인이기 때문에 익숙한 생활과 멀어지고 낯선 생활과 친숙해져야 다이어트에 성공한다. 자제해야 할 것은 많아지고, 이제껏 하지 않았던 것을 해야 하기 때문에 결코 쉽지만은 않다. 인내와 노력이 없다면 성공한 다이어터가 될 수 없는 것이다.

다이어트에서 자제해야 할 것의 대명사가 '음식'이라면, 이제껏 하지 않았던 것의 대명사가 '운동'이다. 너무 당연한 말에 지금 고개를 젓고 싶을 것이다. 하지만 진리는 항상 멀리 있지 않다.

다이어트를 할 때는 음식 조절과 운동을 같이 해야 한다. 한 가지 방법만으로는 한계가 오기 쉽지만, 두 가지 방법이 결합되면 상승 작용을 하는 까닭이다.

HOW TO 3 음식 조절은 가랑비에 옷 젖듯 하라

먹거리가 풍족한 요즘 음식을 자제하는 것이 결코 쉽지 않다. 하지만 생각해보면 아주 어려울 것도 없다. 무조건 굶는 것이 아니기 때문이다.

처음부터 건강식습관으로 180도 바꾸는 것은 어렵다. 하지만 가랑비에 옷 젖듯이 조금씩 바꿔 가면 결코 어렵지 않다.

생크림을 듬뿍 올린 빵과 불판에서 자글자글 익는 삼겹살 같은 고칼로리, 고지방 음식과 안녕을 고하기 힘들 때는 다이어트 전보다 양을 3분의 1가량 줄이는 것으로 다이어트를 시작한다. 처음부터 많은 것을 바꿀 필요는 없다. 처음에는 원래 먹던 식단에서 음식량을 3분의 1만 줄이면 된다. 그래도 하루 500~1000kcal를 덜 섭취하게 되기 때문에 확실히 다이어트가 된다.

'소식'으로 식습관 패턴이 완벽히 바뀐 뒤에는 간 건강에 나쁜 과자, 라면, 탄산음료, 과일주스 같은 인스턴트식품 중 한두 가지를 식습관에서 서서히 줄이거나 제거해 나가자.

이 과정으로 음식이 건강식으로 바뀐 다음에는 음식 조리 패턴을 건강하게 바꾼다. 볶거나 튀기기보다 삶거나 쪄서 먹는 횟수를 조금씩 늘려가는 것이다. 성공한 다이어터가 되기 위해 다이어트 기간이 왜 길어야 하는지 이제 충분히 이해가 갈 것이다.

한꺼번에 제한할 것이 많아지면 금방 백기를 들게 된다. 하지만, 선택과 집중 전략으로 하나, 하나 새로운 식습관을 들이면 어느새 건강한 식습관으로 바뀌게 된다. 식습관을 바꾸면 결코 다이어트에 실패할 수 없다. 가랑비에 옷 젖듯 식습관을 바꾸자.

HOW TO 4 근육을 키워 간의 부담을 줄여라

운동과 담을 쌓고 지낸 사람에게 운동은 꽤 부담스런 다이어트 방법이다. 하루 일과만으로 피곤하고 평소보다 3분 1 적게 먹기 때문에 더 지치는데 운동까지 더하라니, 고역이 아닐 수 없다.

아무 것도 안 하고 싶고, 더 적극적으로 아무 것도 안 하고 싶더라도 다이어트의 시작과 동시에 운동은 꼭 해야 한다. 체질도

분명 비만에 무시할 수 없는 요인이지만, 지금껏 아무 것도 안 한 습관도 비만에 적지 않은 책임이 있기 때문이다.

운동은 결코 무리할 필요가 없다. 특히 운동 초보자는 처음부터 운동을 길게, 강도 높게 해서도 안 된다. 처음부터 1시간 넘게 운동하면 스트레스호르몬인 코티졸이 분비되어 오히려 간 건강을 해친다. 지나치게 강도 높은 운동도 활성산소를 과다하게 많이 만들어내 간에 부담을 준다. 30분에서 한 시간 이내 운동이 간 건강에 부담이 없다. 운동 강도도 숨을 헐떡일 정도가 아니라 숨이 조금 찰 정도가 알맞다. 처음에는 30분 운동으로 시작해서 차츰 재미를 찾아가며 시간을 늘려나가야 간 건강에 이롭다.

30분 운동이라도 무산소운동과 유산소운동을 같이 해야 한다는 데 부담을 느끼는 사람이 적지 않다. 운동복을 입고 뭔가 거창한 운동을 꽤 전문적으로 해야 한다고 생각한다. 하지만 무산소운동과 유산소운동 모두 거창한 운동이 아니다. 거창하게 하려면 한도 끝도 없지만, 정말 소박하게 하려면 운동화 한 켤레만 필요할 뿐이다. 무산소운동은 운동도구가 꼭 필요할 것 같지만, 그렇지도 않다. 스쿼트 같이 기마자세를 취하는 것만으로도 무산소운동이 된다. 바닥에 엎드렸다가 일어나 하늘 위로 손바닥을 치는 동작을 반복하는 무산소운동도 꽤 많은 에너지가 소비되고, 전신 근육을 쓰게 한다. 무산소운동 도구는 집에서 쉽게 만들 수도 있다. 아령 대신 물병에 물을 채워서 운동하는 것처럼 말이다.

유산소운동도 언제 어디서든 쉽게 할 수 있다. 숨이 조금 찰 정도로 걷고 뛰기만 해도 충분히 간 내 지방이 제거된다.

아무 것도 하기 싫을수록 더 적극적으로 몸을 놀리자.

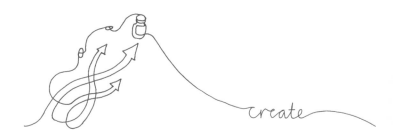

간 건강기능식품 현명하게 이용하기

간에 독소가 되는 습관이 많을 때는 때때로 간 건강기능식품을 이용하자. 간 건강기능식품은 과로, 과식, 과음, 흡연을 일삼는 사람처럼 간 디톡스가 꼭 필요한 사람의 삶에 생기를 더해준다.

현재 알로에, 밀크씨슬, 헛개나무열매, 클로렐라 등을 비롯한 각종 항산화 성분이 담긴 간 건강기능식품이 나와 있다. 간 건강기능식품에는 간을 보호하는 특정 성분이 음식보다 농밀하게 들어있기 때문에 간편하게 간 건강을 지켜준다.

'알로에' 간세포 재생력과 해독력 효과

알로에는 '면역력 강화' '항산화 작용' '혈당 정상화' '상처 치유' '세포 성장 촉진' '항균·항염증·항암 작용' 같은 다양한 건강 효능을 지닌 건강기능식품 원료이다. 이런 알로에의 건강 효능에 최근 '간세포 재생'과 '간 해독 작용'이 거론되고 있다. 알로에 추출물이 든 건강기능식품을 먹으면 손상된 간세포를 대신할 건강한 간세포가 잘 자라나고, 간에 독성이 되는 물질은 재빨리 간에서 사라지는 효능을 볼 수 있다는 것이다. 실제 알로에 추출물이 간세포 재생을 도와주고, 간의 해독 작용을 촉진한다는 연구 결과가 있다. 더구나 알로에 추출물은 간 건강에 부담이 되는 콜레스테롤을 줄이고 우리 몸의 면역력을 높이며 인슐린 기능 개선으로 비만 위험을 낮추고 항산화 효과마저 내서 요즘 간 건강 지킴이 건강기능식품으로 새롭게 주목받고 있다.

Mini Interview

전 문 가 에 게   듣 다

이승기 서울대 약학대학 명예교수

서울대학교 약학대학 졸업 후 미국 노스웨스턴대학교 의과대학에서 박사 학위를 취득했다. 한국과학기술한림원 부원장, 서울대학교 약학대학 학장, 한국분자세포생물학회 회장, 가천의과학대학교 석좌교수를 지냈다. 현재 CAP 과학자문위원회 상임자문위원, 서울대 약학대학 명예교수로 있다.

알로에,
건강한 간세포를 만들어낸다

알로에는 손상된 간세포를 대체할 수 있게 건강한 간세포의 분열을 촉진한다.
간세포가 이런 원리로 재생되면 해독 기능을 비롯한 다양한 간기능이 향상된다.

Q 알로에가 간에 미치는 영향은 무엇인가?

A 알로에는 간세포가 손상되는 것을 막는다. 알로에를 복용하면 간세포가 파괴될 때 나오는 효소 수치가 떨어지는 것으로 그 사실을 알 수 있다. 알로에는 손상된 간세포를 대체할 수 있게 건강한 간세포의 분열을 촉진한다. 간세포가 이런 원리로 재생되면 해독 기능을 비롯한 다양한 간기능이 향상된다.

Q 각 효과에 대한 실제 연구 결과가 있는가?

A 나는 1993년 6월 출범한 알로에 신약개발(CAP:Creation of Aloe Pharmaceuticals) 연구팀의 연구자였다. CAP 연구팀에 들어오기 전 분자세포생물학을 전공한 과학자로서 알로에에 대해 심도 있게 알아봤다. 문헌 조사를 하고 미국에서 발표된 수많은

알로에 효능 연구 결과를 살펴본 뒤, 나는 알로에 신약개발 연구에 뛰어 들어 알로에가 간 건강에 어떤 영향을 미치는지 직접 실험 연구를 통해 알아봤다.

앞서 수많은 문헌과 연구에서 알로에가 손상된 간세포의 성장을 촉진시키고 간기능을 회복한다고 적혀 있었다. 우리 연구팀은 200:1로 농축한 알로에를 사람의 간세포와 피부세포, 흰쥐의 간세포에 넣어서 변화를 살폈는데, DNA 합성 효능이 220% 증가했다. DNA 합성 효능이 증가했다는 것은 알로에가 세포 증식에 영향을 미친다는 의미이며, 이는 곧 알로에가 세포의 성장 조절에 간여한다는 뜻이다. 그래서 우리는 도대체 알로에의 어떤 성분이 이런 효능을 내는 것인지 분획 과정을 통해 알아내기로 했다.

Q 알로에의 어떤 성분이 효능을 낸 것인지 쉽게 알아냈나?

운이 좋게도 우리는 알로에에서 분리한 첫 번째 성분에서 그 답을 찾을 수 있었다. 그것은 저분자 물질인 NY931이었는데, 이 성분이 간세포의 증식에 간여한다는 사실을 수많은 연구를 통해 밝혀낼 수 있었다.

대표적으로 NY931을 사람의 간세포에 적용했더니 간세포의 DNA 합성 효능이 330% 증가했다. 또한 간세포에서 세포성장

측정법을 통해 확인한 성장 세포 증가는 400%에 달했다. 간세포 재생을 촉진해서 간기능을 회복하게 해주는 알로에 성분은 결국 NY931이었던 것이다.

아쉬운 사실은 이런 연구가 시험관을 통해 세포 수준의 연구로 입증된데 그친 것이다. 우리가 처음 계획했던 신약 개발로 가기 위해서는 동물실험을 거쳐 사람 대상의 임상시험까지 해야 한다. 이후 동물실험은 다른 연구자들에 의해 이뤄졌지만 아직 사람 대상 임상시험까지는 진척되지 않은 것으로 안다. 신약 개발을 위해서는 NY931의 활성을 높이는 화학적 처리 과정을 계속하면서 연구를 해야 하는데, 그 R&D 비용이 엄청났던 까닭이다. 화학적 처리 과정을 통해 약효를 높이고, 약의 효과와 안정성을 확인하는 실험연구는 신약으로 발전되는데 꼭 필요한 과정이다.

우리 연구팀은 화학적 처리를 하지 않아 부작용은 적지만 유효 성분은 들어 있는 건강기능식품으로 알로에를 내놓는데 기여했다는 데서 만족감을 얻을 수 있었다.

Q NY931이 든 건강기능식품의 효능이 어느 정도 인지 알려주는 연구가 있나?

A 1개월 간 NY931이 든 건강기능식품을 섭취한 75명에게

피로 개선 효능을 피로지수 설문을 통해 확인한 필드 연구가 있다. 이 연구에서 NY931이 든 건강기능식품을 복용한 4명 중 3명(75%)이 피로 개선 효과를 체험한 것으로 나왔다.

또 NY931이 든 건강기능식품을 섭취한 75명 중 1개월 간 평소 음주 습관대로 음주 후 숙취 증상을 느낀 사람을 대상으로 숙취 증상이 개선됐는지 여부를 확인했던 연구가 있었다. 그 연구 결과, NY931이 든 건강기능식품의 섭취 전후로 두통이 46%, 집중 곤란이 41%, 과도한 갈증이 37%, 수면 곤란이 33%, 어지러움이 31%, 구토가 23% 감소한 것으로 나왔다.

Q 알로에의 다른 건강 효능도 알고 싶다.

A 알로에 유효성분 NY931은 간세포 재생을 촉진하고, 전반적인 간기능을 향상하는 것만이 아니라 간암을 억제하는 효과까지 있다. 또한 알로에에는 혈관 생성을 촉진하고 혈액순환을 원활하게 하는 알로에 유효성분 NY932가 있어서 간세포의 힐링에 도움을 주고, 해독 작용을 강화해서 간의 활성을 도와준다. 이외에 알로에에는 상처 치유 효과가 있고, 항암 효능과 항알러지 효능이 담겨있다. 또한 신장 독성을 억제하고, 미백 효능을 내며, 항노화 효과까지 낸다는 사실이 밝혀져 있다.

'밀크씨슬' 항산화 효과로 해독력 UP

카르두스마리아누스라는 엉겅퀴 식물에서 추출한 밀크씨슬은 식품의약품안전처가 간 건강에 도움이 된다고 인정한 건강기능식품 원료이다. 밀크씨슬의 또 다른 이름은 간장약으로 쓰이는 성분 '실리마린'이다. 간장약의 원료로 쓰일 만큼 밀크씨슬은 간 건강에 탁월한 효과를 낸다. 밀크씨슬은 독소인 활성산소를 제거하는 항산화물질인 글루타치온, SOD 농도를 우리 몸에서 증가시켜주는 효과가 뛰어나다. 밀크씨슬은 손상된 간세포의 재생을 빠르게 하고, 염증 반응도 억제한다. 이외에 밀크씨슬은 간세포 안으로 독성물질이 들어오지 않게 하며, 간독성 물질을 중화하는 효과도 낸다. 콜라겐 합성을 저해해서 간세포가 섬유조직으로 바뀌는 것도 억제한다.

'헛개나무열매' 알코올 독성 저해 효과

헛개나무열매는 간 내 찌꺼기를 없애는 효과가 높아서 간 디톡스 효능이 탁월한 것으로 알려져 있다. 식품의약품안전처는 헛개나무열매 추출물이 간 건강에 도움을 줄 수 있다는 기능성을 인정한 바 있다. 특히 헛개나무열매는 알코올 해독에 뛰어나다. 술 탓에 간기능이 떨어진 사람 36명에게 평소와 같은 라이프스타일을 유지하게 하며 헛개나무열매 추출물을 12주간 섭취시키는 국내 연구가 있었는데, 헛개나무열매 추출물 섭취 전후로 해서 높았던 간기능 수치가 크게 떨어졌다고 한다.

'클로렐라' 콜레스테롤 수치 낮춰준다

민물에 자라는 녹조류인 클로렐라 역시 간 건강에 도움이 된다. 클로렐라는 우리 몸의 신진대사를 원활하게 하고, 면역력을 올려준다. 더불어 몸이 산성으로 기우는 것을 막아주고, 우리 몸에 들어온 중금속을 배출하는데 도움을 줘서 간 해독력을 높인다. 클로렐라의 또 다른 효능은 콜레스테롤 수치를 낮춰주는 것이다. 클로렐라의 엽록소를 음식에 1% 넣은 그룹과 2% 넣은 그룹의 혈액 내 콜레스테롤 농도를 비교한 실험 연구에서 1% 그룹은 콜레스테롤 농도가 26.2%, 2% 그룹은 32.6% 떨어졌다.

'식이유황' 부족 막아야 간 해독력 UP

소나무 같은 침엽수 속껍질에서 추출한 식이유황도 간을 위한 건강기능식품 원료로 쓰인다. 황(S)은 수소(H), 산소(O), 질소(N), 탄소(C), 인(P)과 함께 인체를 이루는 주요한 구성 요소로,

인체 내 황이 부족하면 간을 비롯한 거의 모든 인체 세포에 존재하는 글루타치온의 농도가 떨어진다. 글루타치온은 단백질과 DNA 합성, 단백질 운송, 약물대사 같은 인체 중요한 기능을 담당한다. 따라서 글루타치온이 부족하면 인체 기능에 제동이 걸린다. 글루타치온 농도가 떨어지면 항산화 능력과 함께 간의 해독력마저 떨어진다. 따라서 몸속에 황이 부족하지 않게 식이유황을 잘 섭취할 필요가 있다. 황의 하루 섭취 권장량은 1500mg이지만 실제 대다수 한국인이 음식으로 이보다 적게 섭취하는 것으로 알려져 있다.

'벌집 밀랍'의 간 내 지방 제거 효과

벌집 밀랍에서 추출한 물질도 항산화 효능으로 뛰어난 간 디톡스 효과를 낸다. 특히 벌집 밀랍 추출물은 달고 기름진 음식 탓에 간에 지방이 꼈을 때, 간 내 지방을 제거하는 효과가 뛰어나다. 실제 지방간 환자 50명을 두 그룹으로 나눠서 24주간 한 그룹에만 하루 100mg의 벌집 밀랍 추출물을 섭취하게 하며 지방간 상태의 변화를 비교한 연구가 있었다. 2013년 대한내과학회지에 실린 이 연구에서 벌집 밀랍 추출물을 섭취한 그룹은 벌집 밀랍 추출물을 섭취하지 않은 그룹에 비해 확실히 지방간 정도가 줄어든 것으로 나왔다.

'베리' 안토시아닌 항산화 효능 UP

베리도 요즘 간 건강을 위한 건강기능식품 원료로 활발히 쓰인
다. 강력한 천연 항산화 물질인 안토시아닌(anthocyanin)이 블랙
초크베리, 블루베리, 아사이베리 같은 베리에 다량 들어있기 때
문이다. 실제 국내 연구를 통해 블랙초크베리 추출물이 간에서
지방 축적을 억제하고, 간세포의 활성산소 제거 능력을 크게 향
상시킨다는 사실이 밝혀진 바 있다. 또한 블랙초크베리 추출물
을 주요 원료로 해서 만든 건강기능식품이 만성 지방간염 환자
의 증세를 완화시켜 간 기능 회복에 도움이 된다는 또 다른 연
구 결과도 있다. 블랙초크베리 추출물은 간의 독소가 되는 중금
속을 몸 안에서 배출하는 효능도 뛰어난 것으로 알려져 있다.

'사철쑥'과 '오미자'의 간세포 보호 효과

사철쑥, 오미자에서 추출한 물질이 간 건강기능식품 원료로 쓰
이기도 한다. 사철쑥은 항산화, 항섬유화 효과로 간보호 효능을
낸다. 오미자는 간보호 작용과 함께 간 내 지방 축적을 억제하

며, 항산화와 항염 작용을 한다.

실제 급성 간 독성 생쥐모델 연구에서 사철쑥 섭취는 간세포 보호 효과를 내는 것으로 확인됐다. 사철쑥 섭취 뒤 간수치가 떨어졌다. 간 손상이 지속되어 간 조직이 섬유화될 때 생기는 단백질이 사철쑥을 섭취하면 줄어드는 것으로 확인된 바 있다.

오미자 역시 간세포 보호 효과가 연구로 입증되어 있다. 바이러스와 약물로 인한 간염과 유사한 형태로 간에 염증을 일으킨 동물모델에서 오미자 섭취 뒤 간 수치가 떨어졌다. 오미자가 간세포의 사멸을 억제해서 간세포를 보호하는 효과를 내는 것이다. 또한 고지방식이로 간 손상이 온 동물의 간 내 지방 축적이 오미자 투여 뒤 억제된다는 연구 결과가 나와 있다.

'홍삼' '민들레'에 담긴 간 건강 효능

식품의약품안전처에서 인정한 간 건강기능식품 기능성 원료는 밀크씨슬과 헛개나무열매 추출물 이외에 5가지가 더 있다. 브로콜리스프라우트분말, 표고버섯균사체, 표고버섯균사체추출물, 복분자추출물, 유산균발효다시마추출물이 그것이다. 건강기능식품에 쓰이는 원료 중 간 건강에 도움 되는 물질은 이외에도 많다.

홍삼은 한국인의 대표 건강기능식품 원료인데, 간 건강에도 도움이 된다. 홍삼은 우선 인체 면역력을 높인다. 직접적으로 간을 보호하는 효과마저 있는데, 그 효능은 홍삼의 주요 기능성 성분인 사포닌(진세노사이드)에 담겨있다고 한다.

민들레에서 추출한 물질도 건강기능식품의 원료로 쓰이는데, 민들레 추출물도 간의 해독력을 올려주는 효과가 있다. 실제 연구를 통해 민들레 추출물이 숙취에 효과가 있으며, 간을 보호하고, 항산화 효과를 낸다는 것이 입증된 바 있다.

간 건강을 위해 운지버섯, 굴 등에서 추출한 물질이 건강기능식품 원료로 쓰이기도 한다. 운지버섯은 우리 몸속의 염증 반응을 억제하고 면역조절 작용을 해서 활력을 올리는 효과를 낸다. 굴은 간의 지방 축적을 저해하며 항산화 작용으로 간 손상을 억제한다. 굴에는 타우린도 풍부하다.

간 건강 효능이 담긴 성분 이름을 기억하라

아르기닌, 베타인, 레시틴, 셀레늄, 폴리페놀, 타우린 등도 간 건강을 위한 건강기능식품에 많이 들어 있는데, 나름 역할이 있다.

아르기닌은 필수 아미노산의 하나로, 우리 몸에서 항산화 작용과 함께 면역 조절을 한다. 이외에 상처를 치유하고, 체지방을 줄이며, 혈관을 늘리는 작용도 한다. 아르기닌의 이 같은 활동 덕분에 간세포가 보호되고 간기능이 업그레이드된다.

아미노산의 하나인 베타인도 간의 해독 작용을 촉진하며 알코올로 인해 손상된 간을 치유하는 일을 한다. 베타인은 항암 작용을 하며, 혈당을 떨어뜨리는 일도 맡는다.

레시틴은 콜레스테롤 개선에 대한 기능성을 인정받은 성분이다. 대두에서 추출한 레시틴의 경우, 인체 세포 내 콜레스테롤을 많이 방출하게 하고, 소장 내 콜레스테롤의 흡수와 합성을 줄인다는 연구 결과가 있다.

셀레늄, 비타민A · C · E, 카로티노이드, 폴리페놀, 타우린 등은 모두 항산화 물질이다. 카로티노이드는 식물성 식품에 들어 있는 항산화 물질로, 베타카로틴, 라이코펜, 캡사이신 등을 총칭하며, 폴리페놀은 안토시아닌, 카테킨 등을 일컫는다.

티아민, 리보플라빈, 나이아신, 파토텐산, 피리독신 같은 성분도 흔히 건강기능식품 원료로 쓰이는데, 모두 비타민B군의 또 다른 이름이다. 티아민은 비타민B1, 리보플라빈은 비타민B2, 나이아신은 비타민B3, 파토텐산은 비타민B5, 피리독신은 비타민B6이다. 비타민B군이 부족하면 간에서 에너지 대사가 잘 이뤄지지 않기 때문에 비타민B군이 간 건강기능식품에 흔히 들어간다.

건강기능식품 제대로 사야 효과 본다!

시중에 유통되는 건강기능식품이라고 해서 다 똑같은 효과를 볼 수 있는 것은 아니다. 제대로 만들어지지 않고 기능성을 인정받지 않은 제품이 시중에서 간 건강에 도움이 된다며 많이 판매되는데, 사실 이런 제품은 효능을 확인할 길이 없다.

간 건강기능식품의 효과를 제대로 보기 위해서는 식품의약품안전처에서 인정을 받은 것인지 먼저 확인해야 한다. 수입 건강기능식품도 식품의약품안전처에서 인정한 제품을 사는 것이 가장 안전하다.

구매할 때는 기능성도 꼼꼼히 따져 효과가 어느 정도 입증되어 있는지 확인한다. 기능성은 등급으로 나뉘어 있다. 1등급은 '00 발생 위험 감소에 도움을 줌', 2등급은 '00에 도움을 줌', 3등급은 '00에 도움을 줄 수 있음', 4등급은 '00에 도움을 줄 수 있으나 관련 인체적용시험이 미흡함' 등으로 적혀 있기 때문에 쉽게 구분할 수 있다.

간장약으로 간의 해독력을 높여라

술, 담배에 스트레스와 과식, 과로로 간을 혹사시키며 사는 한 국인이 적지 않다. 간 건강이 걱정되지만 불가피한 상황 탓에 속수무책 간을 혹사시켜야 할 때는 인위적인 방법으로라도 간 의 해독력을 높여줄 필요가 있다. 현대의학으로 간의 해독력은 하루 한 알의 간장약으로 쉽게 높일 수 있다.

간장약으로 만들어질 만큼 간을 해독하는데 뛰어난 성분은 2 가지로 압축된다.

하나가 곰의 쓸개즙 성분인 UDCA(우르소데옥시콜린산)이고, 다른 하나가 엉겅퀴의 일종인 카르두스마리아누스에서 얻은 실 리마린(밀크씨슬)이다.

독소 배출을 쉽게 해주는 'UDCA'

곰의 쓸개즙에 든 UDCA는 간을 해독하는 기능이 탁월하다. UDCA는 간에 퍼져 있는 미세한 담관(쓸개즙이 운반되는 관)을 청소하여 간 내 유해한 독소와 노폐물을 신속하게 없앤다. UDCA는 어떤 종류의 쓸개즙과 비교해도 효과가 10배가량 강한 것으로 알려져 있다.

UDCA는 해독 기능만 탁월한 것이 아니다. 간 내 혈류량을 증가시키고, 신진대사를 촉진하며, 간세포를 보호하는 효과가 있어 간 기능 개선에도 효과적이다.

강력한 항산화 효능의 '실리마린'

실리마린은 활성산소를 제거하는 항산화 능력이 아주 뛰어나서 간세포를 보호하는 역할을 톡톡히 해낸다. 인체 화학공장 간에서는 한번에 500여 가지 일이 처리된다. 각각의 일처리 과정에서 간은 에너지로 산소를 소모하는데, 소모한 산소만큼 활성산소가 만들어진다. 활성산소는 우리 몸에서 사라지기 전까지 간세포를 파괴하고, 간세포의 섬유화를 만드는 작용을 한다. 따라서 활성산소를 빨리 제거하는 것이 간 건강의 관건이다.

실리마린은 세포막 투과를 조절해서 간세포 안으로 독성물질이 들어오지 않게 하며, 간독성이 있는 물질을 중화하는 역할을 한다. 간세포의 재생에도 도움이 되기 때문에 실리마린은 뛰어난 간장약으로 손꼽힌다.

간 디톡스는 간장약으로 어느 정도 챙길 수 있다. 하지만, 약에만 의존해서는 간 디톡스가 완벽히 이뤄지지 않는다. 간장약을 과신해서 과음과 과식을 일삼고 인스턴트식품과 담배, 스트레스 같은 간 건강에 독이 되는 일상을 계속 살아가면 결국 간 건강은 망가질 수밖에 없다.

간장약의 해독력을 높이기 위해서는 간에 독이 되는 습관을 최대한 피하는 것이 먼저다. 간장약은 건강한 간을 위한 디톡스 보조제로 써야 맞다.

이윤경
차병원그룹 차움 디톡스슬리밍센터 교수

CHA의과학대학교 의학과 졸업 후 동 대학
교 대학원에서 가정의학과 석사 학위를 취득
했다. 질병관리본부 세부책임연구원, 분당차
병원 가정의학과 교수를 거쳐 현재 CHA의
과학대학교 교수, 차병원그룹 차움 디톡스슬
리밍센터장을 맡고 있다.

간 디톡스, 이렇게 하자

해독 과정에서 간세포 손상을 줄이기 위해서는 우리 몸의 영양 균형이 맞아야 한다.
특히 해독 과정에 많이 쓰이는 비타민과 단백질이 체내에 부족하지 않아야 한다.

Q 건강한 사람에게 간 디톡스가 필요한가?

A 간은 우리가 살아 있는 동안 계속 일해야 하기 때문에 손상될 수밖에 없다. 특히 간은 우리 몸에 들어온 독소를 거르는 해독 역할을 하므로 문제가 생기기 쉽다. 그런데 간은 손상돼도 신호를 거의 보내지 않는다. 따라서 간이 건강할 때부터 간 디톡스가 필요하다.

간은 글루타치온, 비타민C, 비타민E 같은 항산화 물질이나 균형 잡힌 영양으로 신체 컨디션이 좋으면 독소를 원활하게 배출한다. 그런데 사람에 따라 간 해독물질인 글루타치온 능력이 떨어지는 사람이 있고, 폭음, 폭식, 흡연 등으로 인해 신체 컨디션이 떨어지는 사람도 있다. 이런 사람들은 특히나 더 간 디톡스가 필요하다. 간 디톡스는 거창하지 않아도 된다. 간은 기본

적으로 약, 술, 담배를 하지 않고, 과체중을 정상 체중으로 돌리기만 해도 좋아진다. 우리 몸의 영양 균형을 맞추는 것도 간 디톡스다.

Q 간이 해독 과정에서 덜 손상되게 하는 방법이 있나?

A 간의 해독 과정은 크게 1단계와 2단계로 나뉜다. 1단계가 분리수거 단계라면, 2단계는 배출 단계다. 1단계에서는 해독을 위해 독성물질마다 라벨을 붙이는데, 이때 글루타치온, 비타민 C, 리포산, 인돌, 타우린, 아르기닌, 카르니틴 같은 물질이 쓰인다.

그런데 1단계 해독 과정에서 오히려 간에 더 해로운 물질이 만들어지기도 한다. 분리수거 단계에서 라벨을 붙일 때 더 독성이 강한 것을 붙이기도 하기 때문이다.

해독이 제대로 되기 위해서는 2단계 배출이 제대로 돼야 한다. 만약 2단계 해독이 원활하지 않은 상태에서 1단계 해독만 활발히 이뤄져 간으로 돌아오는 독소가 많아지면 간세포가 많이 손상될 수 있다.

2단계 해독에 간여하는 것이 글루타치온과 양파, 마늘에 들어있는 황, 그리고 글리신, 시스테인, 타우린, 글루쿠론산 같은 아미노산이다. 이런 물질들이 1단계 과정에서 만들어진 독성물질에 달라붙어야 대변이나 소변으로 원활하게 우리 몸 밖으로 빠져나간다. 다르게 말하면, 이런 물질이 부족하면 간은 해독 과정에서 더 많이 손상될 수 있다.

결국 해독 과정에서 간세포 손상을 줄이기 위해서는 우리 몸의 영양 균형이 맞아야 한다. 특히 해독 과정에 많이 쓰이는 비타민과 단백질이 체내에 부족하지 않아야 한다. 간 디톡스에 도움이 되는 음식이 많다. 하지만 특정 음식 한 가지만 먹어서는 제대로 간 디톡스가 안 된다. 간 디톡스에 도움이 되는 음식을 골고루 먹는 것이 맞다.

저체중이나 마른 복부비만처럼 평소 영영 상태가 안 좋은 사람이나 65세 이상 노인이 디톡스의 일환으로 금식을 하다가 종종 쓰러지기도 하는데, 해독 과정에 쓰이는 영양 성분이 부족한 까닭에 독소가 온 몸을 돌아서 그러는 것이다. 대부분 아미노산 부족으로 2단계 해독이 안 된 경우다. 따라서 저체중이거나 마른 복부비만인 사람, 65세 이상 노인은 건강을 위한다는 명목으로 의사와 상의 없이 금식 디톡스를 해서는 안 된다.

Q 간을 디톡스하는 방법이 있다면 자세히 알려 달라.

A 간은 쉬게 해주면 그 자체로 디톡스가 된다. 약과 술을 안 먹고, 담배를 안 피우고, 체중 조절을 하고, 세끼 균형 있게 식

사하고, 적정하게 운동하고, 감당하기 힘든 정도의 피로를 피하는 것만으로 간은 디톡스된다.

일 때문에 주중에 간을 디톡스하는 삶과 거리감을 두고 산다면 주말에 하루 이틀 정도는 이 같은 생활을 해보라고 권하고 싶다.

매일 비타민C 4~6g과 글루타치온을 챙겨 먹는 것도 간 디톡스 방법이다. 설사를 하거나 신장결석이 있는 사람을 제외하고 고용량 비타민C 섭취는 간 디톡스에 도움이 되며, 글루타치온도 마찬가지다.

Q 건강한 사람이 집에서 쉽게 할 수 있는 간 디톡스 프로그램이 있나?

A 5일 프로그램으로 간 디톡스 프로그램을 만들어 볼 수 있다. 우선 3일간은 금주, 금연하고, 약물을 피한다. 과식도 피하고, 패스트푸드는 먹지 않는다. 무리한 운동 역시 금물이다. 가벼운 체조 정도가 알맞다. 3일간의 간 디톡스 프로그램 내용은 간 디톡스의 기본 원칙이기 때문에 프로그램이 끝날 때까지 지킨다.

4일째는 하루 금식을 한다. 금식 대신 비타민C를 4~6g 복용해도 된다. 금식을 해도 물은 2L 정도 마셔야 한다. 몸이 너무 피로한 상태에서 금식을 하는 것은 권하지 않는다. 저체중, 마른 복부비만, 65세 이상의 경우도 의사와 상담 없이 금식해서는 안 된다.

금식은 간의 해독 1단계를 활성화시킨다. 우리가 먹는 음식에 간에 독소가 되는 것이 많기 때문에 금식으로 하루 간을 쉬게 하는 것만으로 간 디톡스에 도움이 된다. 또한 간의 해독 1단계에서 스위치 역할을 하는 사이토크롬P450이라는 효소가 있는데, 이 효소는 금식을 하면 활성화된다.

마지막 5일째는 단백질을 충분히 섭취한다. 이때 육류로 단백질을 보충하는 것은 권하지 않는다. 닭고기, 생선, 계란, 치즈, 우유 같은 유제품도 마찬가지다. 가장 권유하는 것은 콩 단백질이다. 시중에 판매되는 글루타치온을 먹어도 된다.

5일간의 간 디톡스 프로그램

1단계 1~3일 금주, 금연, 과식과 과로 금지, 패스트푸드와 약물 섭취 금지
2단계 4일째 금식 혹은 고용량 비타민 섭취(하루 2L 물 섭취 필수), 금주, 금연, 과식과 과로 금지, 패스트푸드와 약물 섭취 금지
3단계 5일째 고단백 섭취, 금주, 금연, 과식과 과로 금지, 패스트푸드와 약물 섭취 금지

Q 간 디톡스 프로그램은 어느 정도 기간으로 하는 것이 적당한가?

A 하루 굶는 프로그램은 한 달에 한 번을 초과해서는 안 된다. 매주 주말 간을 쉬게 하면서 비타민C와 글루타치온을 챙겨 먹는 것은 매주 해도 상관없다.

3장

이슈로 알아보는
간질환의 모든 것

과유불급이 부른 불씨 지방간

지방간(脂肪肝)을 얕보는 한국인이 꽤 많다. 간에 지방이 끼는 정도는 별 것 아니라고 생각한다. 한때 몸 안 구석구석에 지방이 과하게 끼는 비만이 별 것 아니라고 생각했던 것과 같다.

하지만 실상은 그렇지 않다. 비만이 그 자체로 병이고, 온갖 성인병의 온상인 것과 마찬가지로 지방이 과도하게 간에 쌓이면 그 자체로 지방간이라는 병이 되고, 간은 질병에 취약해진다. 지방간은 간이라는 집에 생긴 작은 불씨나 마찬가지다. 집 어딘가는 결국 불씨에 의해 상흔이 생긴다. 작은 불씨는 잘 꺼지지만, 초가삼간을 다 태우기도 한다.

원래 간에는 지방이 2~5% 정도 소량 들어차 있다. 우리 몸에 어느 정도의 지방이 꼭 필요하듯 간에도 그만큼의 지방이 필요하다.

지방간은 간에 지방의 무게가 5%를 넘어설 때를 말한다. 지방간이 심한만큼 간은 뚱뚱해진다. 지방은 가볍기 때문에, 지방의 무게가 1% 늘어나도 아주 많은 양의 지방이 들어차게 된다. 그래서 건강한 간은 만져지지 않지만, 지방간이 심할 때는 오른쪽 갈비뼈 아래로 간이 만져질 만큼 간이 비대해진다.

그럼 지방간이 생기면 간에 어떤 일이 생길까. 지방간이 되면 우선 간 기능이 떨어진다. 간세포의 노화도 빠르게 초래된다. 지방간이 오래되면 간세포가 파괴되고, 간염, 간경화, 간암으로 진행되어 간을 초토화시키기도 한다. 이런 일련의 사태는 간세포 속에서 지방덩어리가 커져서 간세포 속 아주 작은 혈관들을 압박하여 초래된다. 간 내 혈액순환장애가 생기면 간세포에 산소와 영양 공급이 적절히 이뤄지지 않아서 간 기능이 떨어질 수밖에 없기 때문이다. 또한 지방은 간 독성물질인 사이토카인을 분비하여 간을 서서히 망친다.

지방간은 크게 알코올성 지방간과 비알코올성 지방간으로 나뉜다. 병명에서 알 수 있듯 지방간이 생기는 원인은 두 가지다. 술이 알코올성 지방간의 원인이라면, 과식과 운동 부족, 비만, 당뇨병 같은 질환이 비알코올성 지방간의 원인이다. 둘 다 살이 찌는 원리와 같이 과하게 술과 밥이 몸 안에 들어와서 간에 지방을 쌓는다.

알코올성 지방간

술, 간의 지방을 씻어낸다? 간에 지방을 쌓는다!

알코올성 지방간은 말 그대로 술 때문에 생긴다. 인체 공장 '간'이 알코올을 먼저 대사하느라 지방을 대사하지 못해서 간에 지방이 쌓이는 것이다. 알코올을 대사하는데 간이 시간을 소모할수록 간 내에 쌓이는 지방은 당연히 더 많게 된다. 알코올은 지방을 태우는 인체 기능마저 약화시킨다. 인체에서 지방을 태우기 위해서는 효소 NAD가 필요한데, 이 효소는 알코올 분해 과정에서 NADH로 바뀌기 때문이다. 더구나 알코올은 우리 몸에 필요한 영양소는 없지만 열량은 상당하다. 알코올 1g의 열량이 7kcal에 달한다. 탄수화물과 단백질 1g의 열량은 각각 4kcal에 불과한데 말이다.

그럼에도 우리나라는 아직 지방간을 앓는 사람에게 술 권하는 사회다. 건강을 이유로 지방간 환자가 술을 회피해도 소용이 없다. '간에 낀 지방 쯤 술로 씻어내면 된다'는 말도 안 되는 논리가 한국사회에서 통용된다. 이 정도 말이 오갈 때 한국사회에서 알코올성 지방간 환자는 술잔을 피할 도리가 없다.

알코올은 그 자체가 간에 독소다. 간에서 대사되는 과정에서 알코올은 아세트알데히드, 내독소 같은 대사물질로 분해되는데, 이런 대사물질도 간을 직접적으로 손상시키는 독소이기 때문에, 알코올성 지방간 환자에게 술잔은 독배일 뿐이다.

간에 쌓인 지방이 독성물질 사이토카인을 내뿜어 간에 생채기를 낼 때, 알코올의 독성 대사물질까지 가세하면 간에 쉽게 염증이 초래되고, 결국 간은 딱딱하게 굳어져서 제 기능을 못하게 된다. 알코올성 지방간을 흔히 알코올성 간질환의 초기 단계라고 하는 데는 이런 이유가 있다. 알코올성 지방간임에도 술을 계속 마시면 인체 공장 '간'에 생긴 불씨가 점점 커져서 결국 간이 전소할 수도 있다.

술에 안 취하면 괜찮다? 마신만큼 지방 쌓인다!

과음을 해도 숙취가 없다면 지방간이 생길 위험은 없을까?

답은 '아니다'이다. 술이 약하고 강하고는 알코올성 지방간과 전혀 상관이 없다. 술에 잘 취하지 않는 사람은 간의 대사능력이 뛰어나서 괜찮을 것이라고 생각하는데, 그것은 잘못된 생각이다. 알코올성 지방간은 평소 술자리가 잦고, 술을 과하게 마시는 사람에게 잘 생긴다. 즉 술자리 빈도와 술을 섭취하는 절대량에 비례해서 지방간이 생기는 것이다.

그렇다면 술을 어느 정도 마실 때 알코올성 지방간이 생길까? 알코올성 지방간은 하루 평균 40g 이상의 알코올을 섭취하는 사람에게 잘 생긴다. 10g의 알코올이 소주 1잔, 맥주 1잔 (250cc)에 들어있다. 반주로 소주 반병은 괜찮다고 생각하는데 그것도 위험한 것이다. 여성은 남성보다 알코올을 대사하는 능력이 취약해서 그 절반만 섭취해도 위험하다.

70kg의 남성은 한 시간에 7g가량의 알코올을 분해하므로 소주 반병을 마시면 6시간 뒤쯤 몸 안에서 알코올이 사라진다. 이 말은 인체 화학공장 간이 6시간동안 알코올을 처리하느라 지방을 처리하지 못한다는 뜻이다. 더구나 술은 1g에 7kcal로 고열량이다. 간이 처리하지 못한 열량은 고스란히 온몸에 지방으로 쌓이니 술을 많이 마시면 마실수록 간에 지방이 더 많이 쌓이게 된다.

건강해 보이는 30대는 괜찮다? 30대도 위험하다!

성인병은 대체로 40대 이후 나타나는 병이라고 생각하지만 요즘은 30대도 예외가 아니다. 지방간도 마찬가지다. 국민건강보험공단에 따르면, 2011년 한 해 알코올성 지방간으로 병원을 찾은 30대만 7366명에 달했다. 30대는 건강검진을 잘 하지 않고, 웬만큼 아파도 병원을 잘 찾지 않는 특성이 있다. 이런 현실을 감안할 때 알코올성 지방간을 앓는 30대가 적지 않다는 추정이 나온다.

더구나 알코올성 지방간은 거의 증상이 없다. 증상이 없기 때문에 연령층과 상관없이 숨은 환자가 많은 병이 알코올성 지방간이다. 알코올성 지방간으로 병원 진료를 받은 한국인은 2011년 기준 4만5504명(국민건강보험공단 자료)에 불과했지만 실제 알코올성 지방간을 앓는 한국인을 이를 상회할 것으로 추정된다.

알코올성 지방간은 대부분 건강검진을 통해 진단된다. 혈액으로 파악할 수 있는 간 수치에 이상이 생기거나 간 초음파 검사 혹은 복부 CT(컴퓨터단층촬영) 검사에서 간에 흰 색이 많아졌을 때 병이 있음을 알게 되는 것이다.

앞서 말했든 특별한 증상은 없지만 의심할만한 알코올성 지방간 증상이 있다. 과거와 달리 쉽게 피로해지거나 윗배가 불편한 증상이 지속될 때가 대표적이다. 지방간으로 간세포가 손상을 입은 만큼 인체 공장 라인은 줄어들게 된다. 그러면 인체 동력 에너지 생성이 잘 되지 않기 때문에 쉽게 간이 지쳐서 피로하게 된다. 또한 간에 지방이 많이 들어차서 간이 비대해지면 간을 둘러싼 막이 자극이 되어 윗배에 불편감이 생길 수 있다.

특별한 약이 필요하다? 금주만으로 불씨가 꺼진다!

알코올성 지방간은 쉽게 좋아질 수 있다. 작은 불씨는 쉽게 진화할 수 있는 것과 같은 이치다. 알코올성 지방간은 금주만 하면 좋아진다. 술을 마시지 않으면 재생 능력이 뛰어난 간 자체의 치유력으로 수주에서 수개월 내에 회복된다.

모임에서 금주가 어렵다면 가급적 술자리를 줄이고, 술자리에서는 알코올 함유량이 낮은 주류를 마신다.

금주가 어려워 절주를 할 때는 한 번 술을 마신 뒤 2~3일은 반드시 쉰다. 술로 인해서 간에 쌓인 지방을 청소하고 술로 손상된 간세포가 치유되는 시간을 꼭 간에 부여해야 하는 것이다.

술을 마신 다음날에는 몸 안에 비타민이 부족하지 않게 한다. 비타민은 간 독성물질로 인한 간세포 사멸을 억제하는 효과가 있다. 또한 알코올을 분해할 때 간에서 비타민을 많이 쓰기 때문에 술 마신 다음 날에는 비타민제를 따로 챙겨먹는 것이 간 건강에 도움이 된다.

비알코올성 지방간

지방간은 술이 문제? 밥이 더 위험하다!

과거에는 알코올성 지방간 환자가 확실히 더 많았다. 요즘은 물질이 풍족해지면서 술보다 밥으로 인한 지방간 환자가 더 많아지고 있다. 2007년 한국인의 비알코올성 지방간 유병률은 16.0%인데 반해 알코올성 지방간 유병률은 12.3%라는 결과가 나왔다. 2000년대 전후로 지방간 유형이 바뀐 것이다.

비알콜성 지방간은 일주일간 성인 남성 기준 알코올 140g(소주 2병 혹은 맥주 7캔), 성인 여성 기준 알코올 70g 이내 섭취함에도 간에 지방이 5% 이상 늘어난 병이다.

비알코올성 지방간이 잘 생기는 사람은 어렵지 않게 추측할 수 있다. 과체중인 사람, 체중이 정상이어도 배가 볼록 나온 복부비만인 사람에게 비알코올성 지방간 위험이 높다. 당뇨병, 이상지질혈증, 대사증후군 같은 대사성질환을 앓는 사람, 여성호르몬제나 스테로이드제를 장기 복용하는 사람도 비알코올성 지방간을 잘 앓는다. 최근 한국인이 비만해지고 대사증후군, 당뇨병 같은 대사성질환을 앓는 비율이 늘면서 비알코올성 지방간을 앓는 한국인도 급격히 늘고 있다. 식품의약품안전처가 국내 10개 대학병원 건강검진센터 자료를 분석한 결과, 비알코올성 지방간 환자는 2004년 11.5%에서 2010년 23.6%로 6년 새 2배 이상 늘었다.

술 안 먹는 50대 여성이 위험하다

비알코올성 지방간은 성인병과 같이 나이가 들수록 위험하다. 특히 비알코올성 지방간은 폐경기를 맞은 여성의 간 건강을 위협한다. 실제 건강검진 뒤 적지 않은 50대 여성이 지방간 진단을 받는다. 여성의 경우 50대에 접어들면서 지방간 환자가 급격히 느는데, 40대까지 전체 지방간 유병률이 12%였다가 50대에 들어선 뒤 24%로 2배 치솟았다는 대한간학회 자료가 있다. 이 자료에 따르면 60세 이상 여성은 지방간 유병률이 30%를 넘어섰다.

중장년 여성에게 지방간 위험이 치솟는 이유는 폐경기 전후로 여성호르몬이 급격히 줄면서 몸에 콜레스테롤이 잘 쌓이기 때문이다. 50대에 접어들면서 복부비만이 되는 여성이 많아지는 것과 같은 이치로 중장년 여성에게 비알코올성 지방간이 잘 생기는 것이다.

비알코올성 지방간도 알코올성 지방간만큼 위험하다. 똑같이 지방간염, 간경변, 간암으로 진행할 위험이 있다. 따라서 술을 안 먹는 50대 여성도 적극적으로 간에 대한 건강검진을 받고, 평소 간 건강관리를 할 필요가 있다.

과한 음식 섭취가 지방간 부른다

비알코올성 지방간을 앓는 한국인이 늘어난 근본 원인은 섭취 칼로리는 늘어난데 비해 활동량은 줄어든 데 있다. 비만, 당뇨병 같은 대사성질환이 생기는 원인과 같다.

음식을 우리 몸의 필요 이상으로 섭취하면 일부만 에너지로 소모되고 나머지는 간이나 피하지방에 저장된다. 과다 영양으로 신체 여러 부위에 지방이 늘어갈 때, 간에도 지방이 차곡차곡 쌓이면서 지방간이 되는 것이다.

활동을 통해 우리 몸이 소모하는 에너지가 줄 때도 같은 이치로 지방간이 잘 생긴다. 그런데, 한국인의 활동량은 계속 줄고 있다. 2013년 국민건강영양조사 결과, 걷기를 포함해 중등도 이상 신체활동을 실천하는 한국인의 비율은 47%로 적었다. 2005년 68.5%에 비교했을 때, 급격히 준 것이다. 활발히 운동하는 한국인도 크게 줄고 있다. 질병관리본부 자료에 따르면, 일주일에 4회 이상 규칙적인 운동을 1회 30분 이상 하는 한국인이 남성은 12.0%, 여성은 13.4%에 불과했다.

지방 섭취 줄어야 한다? 탄수화물 줄여야 효과 높다!

비알코올성 지방간일 때 많은 사람들이 지방 섭취를 줄여야 한다고 생각한다. 하지만 지방보다 탄수화물을 줄이는 것이 한국인의 비알코올성 지방간 치료에 더 효과적이다. 한국인에게 비알코올성 지방간 위험을 높이는 것은 탄수화물과 당류를 과다하게 섭취하는 게 원인이기 때문이다. 식품의약안전처가 국내 10개 대학병원 건강검진센터 자료에서 탄수화물 섭취량이 적은 하위 33%와 상위 33%를 비교 분석한 결과, 탄수화물 섭취량이 높은 남성은 탄수화물 섭취량이 낮은 남성보다 지방간 위험이 1.7배 높았다. 탄수화물 섭취량이 높은 여성은 탄수화물 섭취량이 적은 여성에 비해 지방간 위험이 3.8배 치솟았다.

지방 섭취를 줄이는 것보다 탄수화물 섭취를 줄이는 것이 지방간 치료에 더 효과적이라는 국내 연구 결과도 있다. 대한간학회에서 비알코올성 지방간을 앓는 106명의 한국인을 대상으로 저지방 식이요법과 저탄수화물 식이요법을 8주간 진행했다. 그 결과, 간기능 수치(ALT)가 저탄수화물 식이요법 그룹은 39% 개선됐고, 저지방 식이요법 그룹은 17% 개선됐다.

한국인은 탄수화물로 하루 전체 에너지 필요량의 60% 이상을 채우는 경우가 많다. 하지만 간 건강을 위해서는 하루 전체 에너지 필요량의 50~60% 정도만 탄수화물로 채우는 것이 좋다. 탄수화물 섭취를 줄이기 위해서는 흰쌀밥보다 잡곡밥 같은 정제되지 않은 곡류를 섭취하고, 평소보다 두세 숟가락 덜 먹는 습관이 필요하다. 차를 마실 때 설탕이나 시럽을 빼고, 빵, 과자 같은 간식 섭취도 줄여야 한다.

비만, 대사증후군, 당뇨병, 이상지질혈증 같은 대사성질환이 동반된 비알코올성 지방간 환자는 저탄수화물 식이요법과 함께 동반 질환을 적극적으로 치료해야 한다. 비만일 때는 체중 감량이 비알코올성 지방간 치료에 도움이 된다. 알코올성 지방간일 때는 단식요법이 영양장애를 초래해서 간 건강을 악화시키지만, 비알코올성 지방간일 때는 단기간의 단식이 간을 건강하게 해준다. 대사성질환이 겹치면 비알코올성 지방간이 지방간염, 간경변, 간암으로 진행할 위험이 훨씬 높아지므로 뱃살을 빼고 혈압과 혈당 관리를 적극적으로 해야 한다.

비알코올성 지방간에 당뇨병이 겹쳤을 때는 주치의와 상의하여 혈당강하제 사용을 적극적으로 고려해야 한다. 이상지질혈증이 겹쳤을 때는 스타틴 같은 지질강하제 복용과 함께 저지방 식이요법도 할 필요가 있다.

간에 생기는 염증, 목숨을 앗아간다

간염은 말 그대로 간에 염증이 생기는 것을 말한다. 피부에 생긴 염증을 생각하며 '염증쯤이야 뭐'라고 생각하기 쉽다. 하지만 간염은 절대 만만히 봐서는 안 된다. 간염은 때로 그 자체로 목숨을 앗아갈 수 있는 심각한 병이기 때문이다.

　간염은 다양한 원인에 의해 초래된다. 술로 인해 알코올성 간염이 생길 수 있고, 약이나 약초로 인해 약물 독성 간염이 초래될 수도 있다. 가장 흔하게는 바이러스에 의해 간염이 생긴다. 간염은 바이러스 종류에 따라서 A형 간염, B형 간염, C형 간염, D형 간염, E형 간염, F형 간염, G형 간염으로 나타난다.

알코올성 간염

폭음 뒤 갑자기 목숨 잃기도 한다

건강에 자신하며 폭음을 즐기던 40대 남성이 어느 날 술을 과하게 마신 뒤 사망했다. 사인은 무엇일까? 바로 알코올성 간염이다.

알코올성 간염은 오랜 기간 술을 마신 사람에게 갑자기 나타난다. 연말연시 같이 술자리가 줄줄이 잡힐 때, 지나친 폭음이 계속 이어지면 알코올성 간염으로 생명이 위태로워질 수도 있다. 알코올성 간염은 알코올 자체와 아세트알데히드 같은 알코올 대사물질이 간을 망가뜨리는 원인이 된다.

알코올성 간염은 특별한 전조 없이 갑자기 나타나기도 한다. 그래서 '젊으니까' '건강하니까' 폭음을 계속 해도 무리 없다고 결코 자신해서는 안 된다.

단 하루 만에 간은 급속히 나빠질 수 있다. 알코올성 간염은 술을 얼마나 많이 마셨느냐에 따라 증상이 가벼울 수도 있고, 한순간 목숨이 위태로울 수도 있다.

알코올성 간염의 증상은 알코올성 지방간과 비교했을 때 아주 뚜렷하다. 황달로 인해서 눈의 흰자가 누렇게 되는 것이 첫 증상이다. 점차 피부색도 노래진다. 눈에 띄게 식욕이 없어지고, 구토 증상을 보이기도 한다. 아무리 둔한 사람도 눈치 챌 만큼 피로감도 심해진다. 평소에 활발한 사람도 누울 자리만 보이면 누우려고 할 수 있다. 열이 날 수도 있고, 복통이 초래될 수도 있다. 알코올성 간염이 심해지면 간성 혼수로 의식이 혼미해지고 그로 인해 평소 하지 않던 이상 행동을 하기도 한다.

증상이 뚜렷한 것은 간세포의 파괴가 그만큼 심각하다는 것을 반증한다. 간세포가 파괴될 때 나오는 효소의 양을 측정한 것이 간수치인데, 알코올성 지방간일 때는 혈액 내 간수치가 반드시 올라가 있지 않지만, 알코올성 간염일 때는 간수치가 눈에 띄게 올라가 있다. 일차적으로 피검사만 해도 알코올성 간염을 쉽게 가려낼 수 있을 정도다.

다행히 알코올성 간염은 술만 끊어도 충분히 나을 수 있다. 하지만 간으로 인해서 다른 장기에 무리가 가해지면 병원 치료 중에도 사망할 수 있다. 제 기능을 상실한 간 탓에 신장(콩팥)이나 심장, 폐, 뇌에도 이상이 생기고, 혈액응고인자가 부족해서 온몸에 출혈 경향이 나타날 만큼 간이 좋지 않을 때는 간이식이 필요할 수도 있다.

약물 독성 간염

건강에 필요한 약, 간에는 독이 된다

건강을 위해서 먹는 약, 한약, 건강식품조차 간에는 모두 부담이 된다. 특히 짧은 시간 과도하게 많은 양의 약, 한약, 건강식품을 먹거나 간질환을 앓는 사람이 건강한 사람과 같은 농도로 약을 오랜 기간 복용하면 약물 독성 간염으로 간 건강을 해칠 수 있다.

타이레놀은 열이 나거나 두통, 근육통 같은 증상일 때 약국에서 쉽게 사먹을 수 있는 해열진통제다. 이런 타이레놀조차 건강한 사람이 하루 복용량을 초과해서 먹으면 약물 독성 간염으로 심각한 간 손상을 초래할 수 있다. 진통제만이 아니라 결핵약, 혈압약, 항생제, 항진균제, 항히스타민제, 항우울제 같이 건강한 삶을 위해 꼭 필요한 약 대부분이 약물 독성 간염을 유발할 수 있다. 간에 손상을 주는 약은 이제껏 보고된 것만 900가지가 넘는다. 입원 환자의 5%가 약으로 인한 간 손상 탓이고, 급성 간부전의 50%가 약 때문이라는 보고가 있다.

약물 독성 간염을 막기 위해서는 복약법대로 약을 복용해야 한다. 열을 빨리 떨어뜨린다거나 극심한 두통을 해결한다는 명목으로 복약법보다 더 많은 약을 습관적으로 먹는 사람이 아직도 적지 않다. 하지만 약을 많이 먹는다고 결코 약 효과가 더 올라가지 않는다. 오히려 간 손상 같은 부작용으로 몸만 더 망칠 뿐이다.

간질환이 있는 사람은 복약법에 적혀있는 수준보다 약 용량을 줄여서 복용해야 한다. 간 기능이 나쁠 때는 우리 몸 안에서 약의 농도가 더 높아진다. 약 용량이 많을수록 간은 더 많이 손상된다. 간 질환자는 똑같은 효능을 내는 약 중에 가장 간 손상이 적은 약을 처방받아 복용해야 한다. 어떤 약이 간에 손상이 적은지는 약을 처방하는 의사가 가장 정확히 알기 때문에, 간질환이 있는 사람은 진료를 볼 때 의사에게 간질환이 있다는 것을 꼭 밝혀야 한다.

건강한 사람이 한의원에서 처방한 한약을 복용하다 약물 독성 간염이 생긴 경우도 때론 보고된다. 건강식품, 다이어트식품도 예외가 아니다. 한때 건강식품의 대명사인 녹즙을 매일같이 챙겨 마시다가 약물 독성 간염이 걸리는 사례가 뉴스에 대대적으로 보도된 적도 있었다. 약물 독성 간염은 아무런 증상이 없이 간을 서서히 망가뜨릴 수도 있고, 갑자기 간 기능이 급속도로 떨어져서 간이식 수술이 필요할 만큼 안 좋아질 수도 있다.

약물 독성 간염은 약, 한약, 건강식품을 먹기 시작한 뒤 얼마 되지 않아 구역이나 구토, 복부 불편감, 열, 발진, 가려움증, 황달이 생길 때 의심해 볼 수 있다. 이때는 약, 한약, 건강식품 복용을 중단하고, 바로 병원에서 혈액검사를 해본다.

다행히 약물 독성 간염은 빨리 치료하면 특별한 문제없이 완치된다. 약물 독성 간염을 유발한 약, 한약, 건강식품만 먹지 않아도 치료가 되기도 한다. 다만, 신체 건강을 위해 꼭 필요한 약이고 대체할 약이 없을 때는 주치의와 상의 후 약 용량을 줄여서 투약한다.

약물 독성 간염에 특히 주의해야 할 사람은 간 건강이 나쁜 사람이다. 간에 좋다는 약, 한약, 건강식품이 간 질환자에게는 독이 될 위험이 높기 때문이다. 따라서 간질환을 앓는 사람은 반드시 주치의와 상의한 뒤 약, 한약, 건강식품을 복용한다. 그래야 약물 독성 간염의 위험에서 최대한 멀어질 수 있다.

바이러스성 간염

한국인의 간질환 80%, 바이러스 원인

한국인에게 간질환을 유발하는 원인의 80%가 바이러스에 있다. 물이나 음식, 혈액, 대변, 타액 등을 통해 바이러스에 감염되어 바이러스성 간염이 된 것이 한국인 간질환의 대부분의 시발인 것이다.

현재까지 알려진 간염 바이러스는 7가지 종류다. A형 간염 바이러스, B형 간염 바이러스, C형 간염 바이러스, D형 간염 바이러스, E형 간염 바이러스, F형 간염 바이러스, G형 간염 바이러스가 그것이다. 바이러스성 간염은 7가지 종류 중 하나의 간염 바이러스에 처음 감염될 때, 급성으로 시작된다. 급성 간염 단계일 때 제대로 치료하지 않으면 최악의 경우 순식간에 생명을 잃는다. 한국인은 급성 간염일 때 대부분 치료시기를 놓쳐서 상당수가 만성 간염으로 진행된다. 급성 간염은 적합한 치료를 하면 발병 후 3~4개월 내에 간 기능이 회복되는 간염을 말하며, 만성 간염은 증상이 6개월 이상 지속되는 간염을 말한다. 만성 간염은 간경변, 간암으로 악화되어 생명을 앗아갈 수도 있다.

바이러스성 간염은 바이러스 종류에 따라서 감염되는 경로가 다르고, 병의 경과 정도에 차이가 있다. 하지만 간염 바이러스가 처음 몸에 들어올 때의 증상은 대체로 동일하다. 따라서 바이러스 종류에 상관없이 다음과 같은 초기 증상이 있다면 바이러스성 간염을 의심하고 반드시 혈액 검사를 받아본다.

-열이 나고 사지에 통증이 생기는 감기 몸살 증상이 있다

-평소 감기를 앓을 때와 달리 극심한 피로감을 느낀다

-감기 증상과 비슷하지만 기침이나 콧물 증상은 없다

-식욕이 없어지고 구토 증상이 있다

-복통, 설사, 변비 증상이 있다

이 같은 초기 급성 간염 증상은 일주일 간 지속되다가 사라진다.

완치 가능할 때를 놓쳐서 안 된다

감기 몸살, 피로, 식욕 부진 같은 초기 간염 증상일 때 바이러스성 간염을 의심하기는 쉽지 않다. 하지만 때로는 명확한 바이러스성 간염 증상이 나타나기도 한다. 초기 간염 증상이 사라질 때쯤 황달이 나타나 간염에 대한 확실한 신호탄을 쏘아 올리기도 하기 때문이다. 황달은 처음에 눈에서 나타난다. 눈의 흰자 부분이 점차 노랗게 변하고, 그 다음 피부색이 점차 눈에 띄게 노란색으로 바뀐다. 황달 때문에 피부가 가려울 수도 있다. 소변 색깔이 진해질 수 있고, 대변이 흰색으로 탈색되어 나올 수 있다. 이때는 간염을 의심하지 않을 수 없다. 바이러스성 간염이라고 생각할 수 있다.

황달이 생긴 뒤에는 시간을 지체하지 말고 바로 병원에 가야 한다. 황달이 생겼음에도 '급한 프로젝트만 끝내놓고 병원에 가야지' 하는 한국인이 생각보다 적지 않다. 시간을 지체하면 급격한 간 손상으로 하루 반나절 만에도 의식이 혼미해질 수 있다. 간성 혼수가 올 만큼 간이 망가지면 사망 위험이 아주 높다.

황달이 생긴 뒤에는 감기 몸살 같은 초기 증상일 때보다 만성 간염으로 진행될 위험도 올라간다. 하지만 이때도 치료를 잘 하면 충분히 완치할 수 있다.

치료 방법은 우리 몸 속 면역력을 강화해서 바이러스에 대한 항체를 만드는 것이다. 대표적인 면역력 강화법이 휴식이다. 인체 활동에 필요한 동력 '에너지'를 생산하는 간의 부담을 휴식으로 덜어주면 면역력이 올라간다. 간에 쉽게 피가 많이 흘러가도록 누워 있는 시간을 늘려주면 간세포의 재생에도 도움이 된다. 때로는 간염 바이러스에 대한 고농도 면역글로불린을 주사해서 바이러스성 간염을 치료하기도 한다.

충분히 바이러스성 간염에서 완치할 수 있는데도 적지 않은 한국인이 안타깝게 기회를 놓친다. 7가지 종류의 바이러스성 간염을 자세히 살펴보며 또 다른 기회의 순간을 탐색해본다.

A형 바이러스 간염

깨끗한 환경에서 자란 20~30대를 노린다

후진국 간염으로 불리던 A형 간염이 깨끗한 도시에서 자란 20~30대 한국인의 간 건강을 위협하고 있다. 2011년 기준 A형 간염 바이러스(HAV)에 감염된 한국인의 4명 중 3명(76%)이 20~30대였다. 국내 A형 간염 환자는 지난 2009년 1만5231명으로 정점을 찍은 뒤 조금씩 줄고 있기는 하지만 여전히 안심할 수 없다.

A형 간염이 20~30대 한국인을 위협하는 이유는 역설적이다.

A형 간염은 1980년대만 해도 거의 대부분의 한국인이 항체를 보유하고 있었다. 상하수도 시설이 제대로 갖춰지지 않아서 위생 상태가 그다지 좋지 않았던 어린 시절에 대부분의 한국인이 A형 간염을 앓아서 면역을 획득했다는 의미다.

A형 간염은 수인성(水因性) 전염병이다. A형 간염에 감염된 사람의 대변에서 나온 A형 간염 바이러스가 여러 경로로 물이나 음식물을 오염시켜서 병이 퍼진다.

다행히 A형 간염은 어릴 때 감염되면 10명 중 7명은 별 다른 증상 없이 치유된다. 반면 성인이 되어 A형 간염을 앓으면 간 건강에 비상등이 켜진다. 극심한 염증 반응에 간세포가 빠르게 파괴되어 사망할 수도 있다. 나이가 들수록 사망 위험은 올라간다. 실제 A형 간염을 앓는 40대 이상의 50명 중 1명이 죽고, 60대 이상은 25명 중 1명이 사망한다는 국내 통계가 있다.

지금의 20~30대는 경제적으로 풍족한 시기에 나고 자라서 어릴 때 A형 간염 바이러스에 노출된 사람이 아주 적다. 실제 성빈센트병원 김종현 교수팀과 질병관리본부 공동 연구 결과, 40세 이상의 A형 간염 항체 보유률은 거의 100%에 가까웠으나 9~29세의 항체 보유률은 10~30%에 불과했다.

40세 이상과 달리 지금의 20~30대는 A형 간염 바이러스에 다른 방식으로 노출되고 있다. 성인이 되어 상하수도 시설이 미비한 동남아, 중국 같은 곳으로 해외여행을 떠나서 A형 간염 바이러스에 감염되어 오고, 사회생활을 하면서 그 사람이 20~30대에게 퍼트리는 것이다.

A형 간염은 B형이나 C형 간염에 비해 증상이 심하지만, 만성 간염으로 진행하지 않는다. 쉽게 예방도 가능하다. A형 간염 바이러스에 대한 백신이 나와 있어서 예방접종만으로 병을 차단할 수 있다. 다른 간염 바이러스에 감염되어 있거나 여타의 간질환을 앓는 사람은 따라서 A형 간염 백신 접종이 필요하다.

A형 간염은 수인성 전염병이므로 동남아, 중국 여행을 할 때는 물을 끓여 마시거나 밀폐 용기에 든 생수를 사서 마신다. 생과일이나 회 같은 날 음식은 삼가고, 완전히 익힌 음식을 먹는다. A형 간염 바이러스는 85도의 온도에 1분간 노출되면 사멸한다. A형 간염은 주로 바이러스가 활동하기 좋은 시기인 6~7월에 국내 다발하므로 이때는 개인위생에 각별히 신경 쓴다. 식사 전, 외출 후 손 씻기는 기본이다.

B형 바이러스 간염

백신으로 예방하고 치료제로 다스린다

B형 간염 바이러스(HBV)는 한국인의 간을 망치는 주범이다. B

형 간염은 한국인 100명 중 3명이 걸리는데, 한국인 3대 암 가운데 하나인 간암의 74.2%가 B형 간염 탓이다.(대한간학회 자료) 한국인이 앓는 만성 간질환의 60~70%도 B형 간염과 관련이 있다.

이런 이유로 우리나라에서는 1995년부터 영유아에게 B형 간염 백신을 접종하도록 하고 있다. 그래서 B형 간염은 A형 간염과 달리 20대 이하에게는 흔치 않다. 하지만 중장년층에게는 B형 간염이 흔히 발견된다.

B형 간염 바이러스는 B형 간염에 걸린 사람의 혈액이나 체액을 통해 타인에게 전파된다. 여러 사람이 주사바늘이나 침, 면도기, 칫솔을 같이 쓸 때, B형 간염 환자의 혈액이나 체액 속 바이러스가 다른 사람에게 들어가서 감염되는 것이다. 피를 나눈 부모자식 사이에 전파될 위험도 상당히 높다. 만성 B형 간염을 앓는 어머니에게 태어난 아기는 백신과 면역글로블린을 맞는 철저한 예방책에도 불구하고 10명 중 1명이 B형 간염에 감염된다.

다행히 B형 간염은 치료제인 '항바이러스제'가 나와 있다. 항바이러스제는 1998년 국내 도입됐다. 항바이러스제를 복용해서 B형 간염 바이러스의 활동을 억제하면 간경변, 간암의 위험에서 벗어날 수 있다. 항바이러스제 치료 시기만 빠르면 거의 100% 간경변 진행을 막을 수 있다고 한다. 만성 B형 간염 환자를 항바이러스를 쓴 그룹과 쓰지 않은 그룹으로 나누고 3년 뒤 간경변 발병율을 관찰한 대만 연구가 있는데, 항바이러스를 쓴 그룹(9%)이 쓰지 않은 그룹(21%)의 절반 수준이었다. 항바이러스제를 쓰면 간염에서 완치될 수도 있다. 항바이러스제를 복용하는 1000명의 B형 간염 환자 중 1년에 3명이 B형 간염 바이러스에 대한 면역을 획득한다는 보고가 있다. 면역을 획득하면 B형 간염 바이러스가 다시 들어온다 해도 더 이상 우리 몸에 발붙일 수 없기 때문에 완치로 본다.

하지만 한국인 가운데 항바이러스제 치료를 받는 사람은 많지 않다. 자신이 만성 B형 간염을 앓고 있는지 모르는 한국인이 우선 수두룩하다. B형 간염을 앓는 것을 알아도 대부분 특별한 증상이 없어서 치료의 필요성을 느끼지 못한다. 치료제가 있다는 것을 모르는 경우도 있다. 초기 항바이러스제는 부작용이 많고 내성 가능성이 높아서 만성 B형 간염 환자들이 복용을 꺼렸는데, 그 영향도 남아 있다. 하지만 최신 항바이러스제는 부작용이 적고, 내성 위험이 낮다. 평생 먹어야 되는 것도 아니다. 2000년대 초에 개발된 약들은 최소 2~3년은 약을 먹어야 했다. 하지만, 최근 나오는 항바이러스제들은 복용 기간이 점차 짧아지고 있다.

만성 B형 간염의 위해에서 벗어나는 가장 확실한 방법은 항바이러스제를 복용하는 것이다. 간경화나 간암이 걱정된다면 항바이러스제를 복용하는 것을 가장 우선순위에 놓아야 한다.

만성 B형 간염을 앓을 때는 간 건강관리도 철저히 해야 한다. B형 간염 바이러스는 스트레스가 많고 술자리가 잦을 때 우리 몸에서 치명적으로 바뀌기 쉽다. 따라서 B형 간염을 앓는 사람은 과도하게 업무를 몰아서 하는 일을 삼가고 술자리를 줄여야 한다. 매일 같이 야근이 필요할 만큼 업무량이 과하다면 간 건강을 생각해 적극적으로 조율해야 한다. 운동이나 명상 등으로 생활 스트레스를 관리하는 것도 필수다.

C형 바이러스 간염

백신 없고 증상 없는 C형 간염, 치료제가 희망

C형 간염은 B형 간염보다 더 퇴치 곤란한 바이러스성 간염이다.

C형 간염은 B형 간염보다 만성 간염으로 진행될 위험이 10배 이상 높다. 급성 C형 간염에 걸린 사람의 '80~90%'가 만성 C형 간염을 앓거나 C형 간염 바이러스(HCV)를 몸속에 평생 지니고 산다. B형 간염에 걸린 사람의 '5%' 정도가 만성 B형 간염을 앓거나 B형 간염 바이러스를 몸에 지니고 사는 것과 큰 차이가 있다.

C형 간염은 다른 바이러스성 간염에 비해 증상이 거의 없다. 쉽게 피로를 느끼거나 입맛이 없고 구토 증세가 있는 정도가 C형 간염 바이러스의 감염 증상이다. 이런 증상 정도로 C형 간염 바이러스를 떠올리고 선별 검사를 할 한국인이 있을지 의문이다. C형 간염은 급성 단계에서 만성으로 진행되는 것을 막을 기회가 아주 적다. 상당수 C형 간염 환자는 자신의 병을 모르고 지내다 20년 뒤 간경변이나 간암 진단을 받는다. 대한간학회에 따르면, 한국인 간암 원인의 8.6%는 C형 간염이었다.

C형 간염에 대한 한국인의 인지도 역시 B형 간염보다 훨씬 낮다. 건강검진에서 B형 간염에 대한 선별 검사를 받는 한국인은 적지 않지만 C형 간염에 대한 선별 검사를 받는 한국인은 아주 드물다. 2013년 대한간학회가 일반인 3000명에게 실시한 인식 조사에서도 한국인 10명 중 9명이 C형 간염 검사 여부를 알지 못하거나 C형 간염 진단 검사를 받지 않았다고 답했다.

C형 간염은 B형 간염이나 A형 간염과 달리 백신도 없다. C형 간염은 바이러스의 감염 경로를 스스로 알아두고 차단하는 것이 유일한 예방책이다. C형 간염 바이러스는 B형 간염 바이러스와 같이 혈액이나 체액을 통해 전염되며, 전파 경로도 유사하다.

물론 C형 간염에도 희망은 있다. C형 간염은 인터페론과 항바이러스제 치료로 다른 만성 바이러스성 간염보다 높은 완치율을 보인다는 것이다. 2012년 대한간학회지에 실린 논문에 따르면, 국내 만성 C형 간염 환자의 치료제 사용 후 완치율은 53.6~92.7%에 달했다. 24~48주간 치료를 받으면 상당수 C형 간염 환자가 몸 안에서 C형 간염 바이러스를 완전히 몰아낼 수 있는 것이다. 최근 개발된 C형 간염 치료제는 치료 성적이 더 뛰어나다. 10명 중 9명이 완치된다는 임상 연구 결과가 나오고 있다.

한국인의 C형 간염 바이러스 보균률은 0.7~1.4%로 추정된다. B형 간염 바이러스에 비해 C형 간염 바이러스 보균률은 낮은 편이나, 결코 적은 수는 아니다. 국내에서 집계한 C형 간염 환자는 4만 명가량이지만, 실제 C형 간염 환자는 이를 상회할 것으로 보인다.

C형 간염 치료제가 아무리 뛰어나도 치료시기를 놓치면 답이 없다. 간경변으로 이미 합병증까지 왔을 때는 오히려 치료제가 간기능을 더 악화시킨다. 간암에 걸린 뒤에 병의 원인인 C형 간염 치료를 받는 것은 아무 의미가 없다. 따라서 피로를 쉽게 느끼는 정도의 건강 이상이 있을 때, 한 번 쯤 혈액검사로 건강 상태를 확인하면서 C형 간염 여부도 체크해볼 것을 권한다.

D, E, F, G형 바이러스 간염

돼지고기 익혀먹어야 E형 간염 예방된다

D형 간염과 E형 간염, F형 간염, G형 간염은 한국인에게 흔히 걸리는 간염이 아니다. 주로 해외여행자를 통해 국내 유입되는 간염으로 이제껏 분류됐다.

하지만 E형 간염은 예외로 보인다. 2010년 분당서울대병원 소화기내과 정숙향 교수팀의 연구 결과에 따르면, 국내 E형 간염 환자 12명의 혈청에서 검출된 E형 간염 바이러스의 유전자형을 우리나라 돼지의 혈청에서 검출된 E형 간염 바이러스의 유전자형과 비교했을 때 92.9~99.6% 일치한 것으로 나왔다. 2015년 동국대 의대 임현술 교수팀의 연구에 따르면, 국내 도축업 종사자 1883명의 혈액 검사 결과에서 E형 간염 바이러스에 감염되어 있거나 감염된 적이 있는 사람이 66%에 달했다. 대부분 특별한 증상이 나타나지 않는 불현성감염(不顯性感染)으로, E형 간염 바이러스에 감염된 한국인이 적지 않다는 사실을 알려준다.

E형 간염 바이러스는 돼지, 사슴, 소 등의 동물에서 흔하게 검출되는 바이러스다. 사람은 E형 간염 바이러스에 오염된 물과 음식에 의해 흔히 감염된다. 이제껏 E형 간염은 아프리카, 중남미, 인도, 네팔, 파키스탄, 중국을 비롯한 동남아시아 지역 등에

서 유행하는 간염으로 알려졌다. 한국인은 주로 E형 간염 유행 국가를 여행하던 중 E형 간염 바이러스에 감염된 음식물을 섭취한 뒤 걸리는 것으로 알려졌었다. 하지만 국내 E형 간염 환자 대부분은 충분히 익히지 않은 돼지고기를 섭취하거나 위생을 철저히 챙기지 않아서 병에 걸린 것으로 추정된다. E형 간염에 걸리면 대부분 특별한 문제없이 넘어간다. 하지만, 극히 일부는 간이식 수술이 필요할 만큼 간 기능이 망가질 수도 있다. 따라서 최선의 방법은 예방이다. E형 간염을 예방하기 위해서는 돼지고기를 반드시 익혀서 먹어야 한다. 돼지고기 조리 등에 사용한 도마, 칼 같은 도구로 다른 음식물을 조리해서는 안 된다. 도축업 종사자는 보호 장비를 착용한 뒤 작업하고, 작업장의 위생 관리도 철저히 해야 한다.

D형 간염은 조금 독특한 간염이다. B형 간염 바이러스에 감염된 사람에게만 걸리기 때문이다. D형 간염은 B형 간염과 마찬가지로 혈액이나 체액을 통해 감염된다. D형 간염 바이러스에 감염되면 B형 간염 환자의 병이 흔히 악화된다. 간세포 손상이 아주 심해져서 적지 않은 B형 간염 환자의 생명을 앗아간다. 한국인은 B형 간염을 많이 앓지만, 다행히 D형 간염은 거의 앓지 않는다. 하지만 방심해서는 안 된다. B형 간염 환자나 B형

간염 바이러스 보균자는 D형 간염이 유행하는 이탈리아 등 지중해 연안 지역으로 출장이나 여행을 갈 때 타인과의 신체 접촉에 주의하고, 면도기, 칫솔, 주사바늘 같은 것을 타인과 같이 써서도 안 된다.

F형 간염은 A형 간염, E형 간염처럼 F형 간염 바이러스에 오염된 물이나 음식물을 통해 전파되는 수인성 전염병이다. A형 간염, E형 간염처럼 급성 간염으로 나타나며, 증상도 유사하다. 프랑스에서 처음 발견되어 F(French)형 간염으로 명명된다. 국내뿐 아니라 전 세계적으로 환자가 그리 많지 않다.

G형 간염은 B형 간염, C형 간염처럼 혈액이나 체액에 의해 감염된다. 감염 경로가 같아서 B형 간염 환자나 C형 간염 환자에게 중복 감염된 경우가 흔히 발견된다. 다행히 G형 간염 바이러스는 B형 간염이나 C형 간염을 악화시키지 않는다. B형 간염이나 C형 간염처럼 만성 간염으로 진행되지도 않는다. 대부분 특별한 증상을 일으키지 않고 낫지만, 감염 초기 급격히 간세포가 파괴되어 생명이 위중해질 수도 있다.

간경변에도 희망은 있다

간경변은 '불치병', '간암 전단계'라는 안 좋은 인식에 둘러싸여 있다. 한 번 딱딱하게 굳어진 간은 다시 말랑하게 되돌릴 수 없다는 이유로 '간경변=불치병'이라 일컬었다. 간경변을 앓는 사람은 결국 간암에 걸린다며 '간경변=간암 전단계'라고 봤다. 나빠진 간 건강 탓에 간경변 환자는 일상생활조차 할 수 없다고 생각한다. 이런 생각은 편견이다.

간경변을 앓는 사람 상당수가 건강한 사람과 큰 차이 없는 삶을 살아간다. 간은 상당히 크고 튼튼한 장기여서 70~85%가 사멸해 딱딱하게 굳어 있고, 15~30%만 살아 제대로 기능을 해도 아무 문제없이 건강하게 살 수 있다. 복수, 위식도정맥류, 간성혼수 같은 간경변 합병증이 하나도 없으면 10년 생존 확률이 90% 이상으로, 건강한 사람과 크게 다르지 않다. 물론 복수, 위식도정맥류, 간성혼수 같은 간경변 합병증이 있으면 일상생활을 원활히 하기 어렵고 합병증으로 사망할 위험도 높다. 실제 간경변 합병증을 앓는 사람의 4년 생존 확률은 20~40%에 그친다. 하지만 간경변이 70% 이상의 간을 잠식해서 온갖 간 건강 이상 증세를 초래한다 해도 지레 포기하기는 이르다. 요즘은 치료법이 발달해서 딱딱하게 굳어진 간 일부를 약으로 다시 말랑하게 되돌릴 수도 있고, 수술로 건강한 간을 이식받을 수도 있다.

간경변이 100% 간암이 되는 것도 아니다. 간암이 거의 알코올성 간염과 만성 B형·C형 간염 같은 만성 간염에서 비롯되는 것이 사실이고, 만성 간염이 간경변을 거쳐 간암으로 가는 것도 사실이다. 하지만 간경변 단계에서 치료와 관리를 잘 하면 간암 위험은 확실히 낮출 수 있다.

알코올성 간경변, 술만 끊어도 치료 효과

술 때문에 상당수 간세포가 파괴되고 굳어진 알코올성 간경변은 그 원인인 술만 끊어도 치료 효과가 상당하다.

복수 같은 합병증이 없는 초기 알코올성 간경변 환자의 경우, 금주만 해도 정상인과 같은 건강 상태로 평생을 살 수 있다. 완전히 죽은 간세포는 되돌릴 수 없지만, 남은 간세포는 더 파괴되지 않고 일할 수 있기 때문이다. 그래서 사망률도 정상인과 큰 차이가 없다. 하지만 술을 계속 마시면 5년 뒤 10명 중 4명이 사망한다. 살아 있더라도 상당수는 합병증에 시달리고, 일부는 간암 진단에 직면하게 된다.

사망 위험이 높은 간경변 합병증이 있는 알코올성 간경변 환자도 금주 효과가 상당하다. 실제 술만 끊으면 5년 뒤 절반가량이 살 수 있다고 한다. 복수나 위식도정맥류, 간성혼수 같은 합병증이 반복적으로 나타나면 1~2년 내에 사망할 확률이 굉장히 높지만, 금주만 하면 그 위험을 크게 낮출 수 있는 것이다. 반면 간경변 합병증이 있는데도 술을 계속 마시는 알코올성 간경변 환자는 5년 내에 10명 중 7명이 죽는다. 살아남은 3명도 술을 먹지 않는 간경변 합병증 환자에 비해 건강 상태가 말할 나위 없이 나쁘다. 합병증 빈도도 잦고, 그 정도도 당연히 더 심하다.

딱딱한 간도 말랑하게 하는 항바이러스제

간경변의 85%는 만성 바이러스성 간염(B형 간염 70% · C형 간염 15%)이 원인인데, 이런 간경변은 만성 바이러스성 간염에 쓰이는 항바이러스제로 치료할 수 있다. 항바이러스제의 간경변 치료 효과는 생각보다 탁월하다.

20세기까지만 해도 한번 딱딱하게 굳어진 간은 다시 되돌릴수 없다는 것이 정설이었다. 하지만 항바이러스제가 개발되어 쓰이면서 정설은 바뀌었다. 21세기 초반부터 항바이러스제 치료로 굳은 간이 다시 말랑해지는 효과가 보고되고 있기 때문이다. 실제 항바이러스제를 쓰면 간의 섬유화 점수(0~4점 척도:조직 검사 시 0점 정상·1~3점 만성 간염·4점 간경변)가 1점 가량 떨어진다고 한다. 이 덕분에 항바이러스제가 국내 도입된 뒤 5년 만에 간경변으로 인한 사망자가 절반으로 줄었다.

B형 간염에서 비롯된 간경변은 특히 항바이러스제 치료 효과가 높다. 간경변 합병증 여부와 상관없이 이 약을 쓸 수 있는데, 간경변 환자의 70~80%가 효과를 본다. 항바이러스제는 간경변 합병증 발생률도 30~50% 줄여준다. 이 약이 처음 개발됐을 때만해도 평생 복용해야 한다고 했는데, 지금은 다르다. 간 굳기가 간경변에서 만성 간염 단계로 떨어지고 간염 바이러스 수치가 떨어지면 약을 끊을 수 있다.

C형 간염이 원인인 간경변은 항바이러스제 치료 효과를 보는 환자가 50%를 조금 밑도는 수준이다. 더구나 C형 간염이 간경변의 원인인 경우, 간경변 합병증이 있을 때 항바이러스제 치

료를 시도할 수 없다. 합병증이 있을 때 항바이러스제 치료를 하면 오히려 간기능이 더 악화될 수 있기 때문이다.

간경변 심할 땐 간이식 치료가 대안

간경변이 심해져서 반복적으로 복수가 심하게 나타나거나 위식도정맥류 출혈, 간성혼수가 생기면 간이식 수술을 적극적으로 검토해봐야 한다. 간이식 수술은 말 그대로 심하게 굳어진 간을 떼어낸 다음 건강한 사람의 간이나 뇌사자의 건강한 간을 붙여주는 수술이다. 간경변이 생긴 간을 유일하게 정상으로 되돌릴 수 있는 치료가 간이식 수술이다.

국내에서 간이식 수술은 1988년부터 시도됐다. 현재 우리나라에서는 살아있는 사람의 간을 일부 떼어내는 생체 간이식 수술이 활발하다. 국내 의료진의 간이식 수술 성공률은 90% 이상으로 세계 최고 수준이다. 간이식 수술이 성공하면 간경변 합병증으로 고생할 때와 달리 건강하게 일상생활을 할 수 있다. 물론 간이식 수술을 한다고 해서 바로 간이 원래대로 기능하는 것은 아니다. 수술 뒤 이식한 간이 제대로 기능을 하는데 보통 6개월에서 1년이 걸린다.

이식 수술 직후부터는 평생 면역억제제를 복용해야 한다. 이식한 간은 원래 내 몸의 일부가 아니기 때문에 우리 몸의 면역세포가 이물질로 알고 파괴하려하기 때문이다. 면역억제제로 우리 몸의 면역세포의 반응을 누르면 이식한 간에 대한 우리 몸의 거부반응을 막을 수 있다. 하지만 면역억제제는 우리 몸에 꼭 필요한 면역세포의 활동을 눌러서 각종 감염병 발병 위험을 높인다. 매일 약을 챙겨 먹어야 한다는 불편함도 있다. 그래서 최근에는 면역억제제를 복용하지 않고 간이식 수술을 할 수 있는 방법에 대해 국내외에서 활발히 연구 중이다.

정기검진으로 간의 건강을 살펴라

간경변 환자는 적어도 6개월에 한 번 간의 건강을 확인해야 한다. 금주나 항바이러스제 치료로 간경변의 원인을 제거하고 있다고 해도 정기적으로 혈액검사와 초음파 검사로 간경변 경과를 살펴야 한다. 합병증이 없는 초기 단계도 예외는 아니다. 현재 쓰는 항바이러스제가 치료 효과를 내는지, 간경변 합병증이나 간암은 생기지 않았는지 살펴야 하기 때문이다. 과거에 합병증이 없었다고 해서 지금 합병증이 없다고 보장할 수 없다. 실제 합병증이 없는 간경변 환자 5명 중 1명이 합병증이 있는 간경변으로 진행한다. 따라서 조기에 간경변 합병증을 진화하기 위해 정기적으로 간 건강검진을 해야 한다. 조기 진단이 되지 않으면 시한폭탄처럼 커진 간경변 합병증에 생명을 위협받을 수 있다. 간암을 조기 치료할 기회도 잃는다.

검진 뒤 검사 결과가 좋지 않을 때는 3개월마다 병의 진행 속도를 확인한다. 검사 결과가 정상으로 나오면 다시 6개월 간격으로 검진을 받는다. 간경변임에도 간기능 수치가 계속 정상으로 나오고 초음파에서 변화된 내용이 없으면 더 이상 검진은 필요 없다고 생각하는 경우가 있는데, 그것은 착각이다. 간세포가 파괴될 때 나오는 효소의 양을 측정하는 것이 간기능 수치다. 간기능 수치가 정상이라는 것은 지금 현재 간세포 파괴가 많지 않다는 것일 뿐, 언제 다시 간세포가 다량 파괴되어 문제를 일으킬지 모른다. 간경변 환자는 간암 조기 검진도 6개월에 한 번은 해야 한다. 혈액검사에서 간암 예측인자(알파태아단백 수치)가 높거나 초음파에서 결절이 보이면 복부 CT(컴퓨터단층촬영)를 찍는다. 위식도정맥류가 생길 위험도 있기 때문에 1~2년에 한 번은 위내시경검사도 한다.

대변 색깔, 복부 둘레 변화를 살펴라

간경변은 합병증이 사망 사유일 때가 많다. 따라서 합병증이 나타나지 않게 일상생활 속에서 간 건강관리와 합병증에 대한 감시를 철저히 해야 한다.

간경변 진단 뒤에는 병의 원인이 술이던 바이러스이던 상관없이 금주해야 한다. 바이러스가 원인인 간경변일 때도 술은 간에 독소가 되어 간을 전소시킨다.

식습관 관리도 필요하다. 우리 몸에 꼭 필요한 영양 성분이 담긴 음식을 간에 무리가 가지 않을 만큼 매일 챙겨먹는 것이 중요하다. 질기거나 단단한 음식, 기름진 음식은 되도록 피한다. 간경변일 때는 간에서 소화를 돕는 담즙 분비가 충분히 이뤄지지 않기 때문이다.

식사는 규칙적으로 하고, 반드시 소식한다. 과식은 그 자체로 간 건강에 독소를 뿌리는 일이다. 식사를 걸러서도 안 된다. 식사를 건너뛰면 저혈당이 초래되어 생명을 위협한다. 지나친 동물성 단백질 섭취는 피한다. 다량의 암모니아가 만들어져서 간성혼수를 유발할 수 있기 때문이다.

간경변 환자는 눈의 흰자 색깔과 몸무게, 복부 둘레의 변화를 주의 깊게 살핀다. 황달은 눈의 흰자에 가장 먼저 나타나기 때문에, 간 건강 상태를 쉽게 파악할 수 있게 해준다. 몸무게와 복부 둘레는 복수 여부를 알려준다. 몸이 붓고 복부 둘레가 늘어나면 배에 물이 들어찬 것일 수 있다.

간경변 환자는 대변을 본 뒤 반드시 자신의 대변 색을 확인한다. 변이 검으면 위식도정맥류에 출혈이 있음을 의미하고, 변이 희면 황달이 심함을 뜻한다. 갑자기 말이 어눌해지거나 충분히 잤는데도 시도 때도 없이 졸리거나 타인에게 요즘 이상해졌다는 이야기를 들을 때는 간성혼수를 의심해야 한다. 간성혼수로 인해 뇌기능이 떨어지면 내 의지와 상관없이 이상 행동 반응을 하게 된다.

이 같은 변화가 있으면 간 건강 상태에 이상이 온 것일 수 있기 때문에, 정기 검진 시기와 상관없이 바로 병원에 가서 진료를 받는다.

배 둘레가 늘어나면 저염식을 해라

합병증은 간경변 환자에게 시한폭탄이다. 시한폭탄이 터지지 않게 하는 길은 철저하게 관리와 치료를 하는 것이다.

배에 물이 찼을 때는 우선 염분을 엄격히 제한해야 한다. 특히 국물 같이 수분과 염분이 많이 든 음식은 소량만 먹고, 소금이 많이 들어간 절인 음식도 피한다. 이 같은 식사관리를 해도 1주일 내에 1kg 이상 체중이 줄지 않으면 이뇨제를 써서 배에 찬 물을 빼야 한다. 하지만 이뇨제를 복용하는 쉽고 간편한 방법에 계속 의존할 생각을 해서는 안 된다. 이뇨제는 처음에는 분명 효과를 내지만, 반복해서 사용하면 효과가 떨어지고 오히려 간성혼수 같은 다른 간경변 합병증 위험을 높이기 때문이다. 복수가 생기면 혈액 검사로 알부민 수치를 측정한 다음 주사제로 알부민을 공급하기도 한다. 혈관 내 삼투압을 유지하는 단백질인 알부민은 인체 공장 간에서 만드는 단백질인데, 부족하면 복수를 유발하는 까닭이다. 이뇨제와 알부민 주사에도 배가 계속 터질듯이 부어오르고 숨 쉬기조차 힘들어지면 주사바늘을 배에 찔러 넣어서 물을 뽑아내는 시술(복수천자)이 필요하다. 복수천자를 반복해야 할만큼 복수가 심하면 결국 간이식을 하는 것밖에 방법이 없다.

위식도정맥류가 생겼을 때는 딱딱한 음식을 피하고 부드러운 음식을 먹어야 한다. 갑자기 많은 혈액이 위와 식도 주위 혈관에 들어차서 주머니가 만들어진 것이 위식도정맥류다. 위식도정맥류가 터지면 생명을 잃을 수도 있다. 딱딱한 음식으로 자극만 해도 위식도정맥류가 자칫 터질 수 있기 때문에, 위식도정맥류가 있을 때는 죽 같은 부드러운 음식을 먹어야 한다. 정맥류가 조금 찢어졌을 때는 검은색 변이 나온다. 많이 찢어지면 입으로 피를 토하거나 의식을 잃기도 한다. 출혈이 있을 때는 찢어진 혈관을 꿰매는 등의 지혈 치료를 해야 하기 때문에, 바로 병원에 간다. 병원에 갈 때는 머리는 낮추고 다리는 높인다. 피를 쏟아내 질식할 위험이 있기 때문에, 머리는 반드시 옆으로 돌린다.

간성혼수가 왔을 때는 단백질 섭취를 엄격히 제한해야 한다. 더불어 간성혼수를 촉발한 요인도 제거해야 한다. 술이나 고기를 지나치게 많이 섭취한 것이 원인일 수도 있고, 이뇨제나 신경안정제 복용, 감염, 변비나 설사, 위장관출혈이 원인일 수 있다. 원인 제거 치료를 해도 간성혼수가 반복되면 간이식 수술을 적극적으로 생각해봐야 한다.

혈당 관리 너무 철저히 하면 위험

간경변이 생기면 간이 담당하는 혈당 조절 시스템이 쉬이 붕괴된다. 그래서 당뇨병이 잘 오는데, 간경변이 동반된 당뇨병은 혈당 관리를 너무 철저히 하는 것이 좋지 않다. 식후 혈당이 200mg/dL에 가까운 정도가 되게 관리하는 것만으로 충분하다. 우리 몸의 저장고 역할을 맡는 간이 무너지면 조금 더 먹었을 뿐인데 지나치게 혈당이 올라가고, 조금 덜 먹었을 뿐인데 지나치게 혈당이 떨어진다. 이때 혈당이 조금 높은 수준은 그나마 괜찮지만, 저혈당이 초래되면 사망할 위험이 아주 높기 때문에 위험하다. 따라서 혈당 관리를 조금 느슨하게 할 것을 권한다. 이 외에 다른 치료 원칙은 달라지지 않는다. 필요할 때는 혈당강하제 같은 당뇨약도 복용하고, 인슐린 주사가 필요하면 맞아야 한다. 식이요법과 함께 운동도 필요하다. 음식은 하루 필요한 열량을 여러 번에 나눠서 소량씩 먹는다.

간경변이 있을 때는 약도 이전만큼의 용량을 복용해서는 안된다. 간경변이 오면 약을 대사, 해독하는 간이 제 역할을 못하므로, 혈액 내 약물 농도가 올라간다. 주치의가 아닌 다른 의사에게 진료를 볼 때는 반드시 간경변을 앓는다는 사실을 말해서 약 용량을 적절하게 맞출 필요가 있다.

완치율 낮은 간암 생존 비법을 찾아라

간암은 완치율이 30%에 불과한 무서운 암이다. 췌장암, 폐암에 비해 완치율이 조금 높을 뿐, 위암, 대장암, 유방암, 전립선암, 갑상선암, 자궁경부암 같은 국내 주요 암과 비교할 때 완치율이 크게 떨어진다. 완치율이 30%에 나마 이른 것도 그리 오래되지 않았다.

간암을 극복하는 방법이 그렇다고 없는 것은 아니다. 어쩌면 간암은 다른 어떤 암보다 극복이 쉬운 암일 수도 있다. 간암은 얼마나 일찍 발견하느냐에 따라서 완치율이 크게 달라진다. 간암 1기 완치율은 80%에 가깝고, 간암 2기 완치율은 50%에 이른다. 간암의 완치율을 갉아먹는 것은 간암 3기와 4기다. 간암은 3기가 되면 완치율이 20% 수준으로 떨어지고, 4기에 이르면 완치율이 5%밖에 되지 않는다.

희망적인 사실은 간암은 다른 어떤 암보다 빨리 발견할 수 있는 암이라는 것이다. 간암을 초래하는 원인은 이미 잘 알려져 있기 때문에, 위험 수준에 따라 제대로 맞춤검진을 하면 조기에 암을 발견해 충분히 극복할 수 있다. 간암에 대한 최신 검사·치료 기술도 간암을 극복하게 하는 열쇠다. 요즘은 간암 이전 단계에서 미리 간암 발병 위험을 예측할 수 있는 검사도 나와 있다.

표적항암치료, 고주파열 치료, 방사선수술 같은 최신 치료기술과 함께 간절제술, 간이식 수술, 경동맥화학색전술 같은 치료기술도 계속 업그레이드되어 국내는 간암에 있어서 세계 최고 수준의 치료가 이뤄지고 있다.

간암 60~90% 간경변 동반

간암 극복이 어려운 이유는 간 건강관리 부실에 있다. 간암은 대부분 지방간이나 간염에서 시작해 간경변을 거쳐서 만들어진다는 사실이 그것을 단적으로 알려준다. 실제 국내 간암 환자의 60~90%가 간경변을 동반한다.

간경변에 간암이 겹쳐있는 설상가상의 상태이기 때문에 다른 암과 달리 치료가 당연히 어려울 수밖에 없는 것이다. 더구나 간암이 진행되어 있을수록 간경변도 그만큼 심각하기 때문에, 1기, 2기와 달리 3기, 4기일 때 완치율이 크게 떨어진다.

간암일 때는 간경변 외에도 당연히 간염, 지방간이 겹친 경우가 많다. 만성 바이러스성 간염에서 비롯된 간암이 70~85%에 달하고, 알코올로 인한 간암이 10%에 이르는 것으로 추정된다. 최근 국내에서 비알코올성 지방간을 앓는 사람이 급격히 늘고 있는데, 비알코올성 지방간도 간암 위험을 확실히 높인다.

결론적으로 바이러스성 간염, 알코올성 간질환, 비알코올성 지방간이 한국인의 간암 원인이라는 결론이 나온다. 모두 간 건강관리 부실에 원인이 있는데, 그 원인에 대한 대비책은 이미 나와 있다.

먼저 우리가 해야 할 것은 간에 독소가 되는 생활습관을 바꾸는 것이다. 담배, 알코올, 스트레스, 과식, 과로, 운동 부족 같은 생활습관 문제만 개선되어도 간암 발생 위험은 크게 낮출 수 있다. 우리나라 간암 발생의 주요 위험요인에 대한 기여위험도를 따진 국립암센터 연구에 따르면, 흡연만 하지 않아도 간암 발생의 19%를 줄일 수 있고, 술만 마시지 않아도 간암 발생의 3.4%를 낮출 수 있다고 한다.

OECD 국가 가운데 간암 발생 1위를 차지하는 한국의 경우 다음 단계로 조금 더 적극적인 노력이 필요하다. 간암의 주요 원인인 바이러스성 간염을 컨트롤하는 것이 그것이다. 국립암센터 연구에 따르면, 간염 바이러스에 대한 감염만 통제되어도 간암의 61.8%나 줄일 수 있다고 한다. 간염 바이러스만 제어했어도 10명의 간암 환자 중 6명은 간암에 걸리지 않았다는 의미이니 엄청난 것이다.

간염 바이러스는 주로 B형 간염 바이러스와 C형 간염 바이러스가 문제가 되는데, 현대의학으로 두 간염 바이러스 모두 컨트롤이 가능하다. 특히 B형 간염 바이러스는 백신까지 나와 있어서 원천 차단이 가능하다.

내색 않는 장기 '간'을 살펴라

간은 워낙 튼튼하고 재생력이 뛰어난데다 통증신경까지 없다. 그래서 지나치게 무던하다. 심지어 말기 암으로 인체 공장 간이 초토화될 때까지 아무 표시도 내지 않는다. 우리 스스로 내색 않는 장기 '간'을 챙겨야 하는 이유다. 간을 챙기는 방법은 그리 어렵지 않다.

체중이 늘어 어느새 만병의 근원이라 불리는 비만(체질량지수 25 이상)의 경지에 이른 사람은 한번쯤 간질환은 없는지 확인한다. 비만한 사람의 80%가량이 비알코올성 지방간을 동반하기 때문에, 초기 간질환의 여부를 확인할 필요가 있는 것이다. 당뇨병, 이상지질혈증, 대사증후군 같은 질환을 진단 받을 뒤에도 간질환 여부를 한번 스크리닝한다.

알코올성 · 비알코올성 지방간 환자나 건강한 B형 · C형 간염 바이러스 보균자, 간질환을 앓는 가족이 있는 30세 이상 남성, 40세 이상 여성은 1~2년에 한 번 간 정기검사를 받을 필요가 있다. 혈액검사로 간기능 수치를 확인하고, 초음파검사로 간에 변화가 있는지 살피면 된다. 만성 B형 · C형 간염이나 간경변을 앓는 30세 이상 남성, 40세 이상 여성은 6개월마다 초음파 검사와 알파태아단백 검사를 받아 간암을 조기 스크리닝하는 것이 필요하다.

한국인의 간암 완치율이 낮은 것은 간을 살피는 일을 게을리하기 때문이다. 실제 국민건강영양조사에서 간암 발병 위험이 높은 만성 B형 · C형 간염 환자와 간경변 환자 등을 대상으로 6개월에 한 번 정기검진을 받는지 조사했는데, 7명 중 1명(14.1%)만이 제대로 검진을 하고 있었다. 2명 중 1명(52.5%)은 한 번도 정기검진을 받아 본 적이 없다고 답했다.

요즘에는 간암을 조기 발견할 수 있는 검사만이 아니라, 간암 위험을 예측할 수 있는 검사까지 나와 있어 간암을 충분히 빨리 발견할 수 있다. 만성 간염 탓에 염증이 심해지면 간세포가 죽으면서 점차 단단한 조직으로 바뀌어 결국 간경변이 되고 간암이 된다. 그래서 간암 환자의 55~60%에서 만성 B형 간염이 동반되고, 간암 환자의 60~90%가 간경변을 앓는다.

간의 굳기는 간암 발병 위험을 예측하는데 확실히 중요한 단서이다. 세브란스병원 간암클리닉 한광협 교수팀이 만성 B형 바이러스 간염 환자 1130명을 대상으로 간섬유화스캔 검사로 간의 굳기를 조사한 뒤 간암 발병 위험을 조사하는 연구를 했다. 간의 굳기는 초음파가 간을 통과해 다시 돌아오는 속도(kPa)로 측정했다. 속도가 빠를수록 간이 굳어진 것이다.

조사 결과, 간의 굳기를 나타내는 간섬유화스캔 수치가 8kPa 이하인 595명 중 8명(1.3%), 8~13kPa인 285명 중 13명(4.6%), 13~18kPa인 130명 중 10명(7.7%), 18~23kPa인 53명 중 10명(18.9%), 23kPa 이상인 67명 중 10명(23.9%)에게 실제 간암이 생겼다. 간이 굳어 있을수록 간암 발생 위험이 올라가는 것이 국내 연구진에 의해 밝혀진 것이다. 간섬유화스캔은 조직검사처럼 바늘을 찔러 넣지 않아도 조직검사만큼 정확한 간의 굳기를 확인할 수 있는 최신 검사다.

간암 치료, 이것저것 따져서 해라

간암은 발병 이후 진행이 빠르다. 따라서 어영부영 시간을 보내기보다 빠르게 대처하는 것이 중요하다. 조기 발견해 치료할수록 간암의 완치 가능성이 높다는 사실을 간과해서는 안 된다. 아무리 명의여도 치료를 위한 예약 진료 대기 기간이 3개월을 넘어서면 다른 병원을 알아볼 필요가 있다. 건강보험심사평가원은 암 수술사망률에 대한 병원 별 평가 결과를 홈페이지(www.hira.or.kr)에 공개하고 있다. 간암 수술을 가능한 빨리 성공적으로 받기 위해서는 이 같은 평가 결과도 따지고, 병원에 따라 어떤 치료들이 가능한지도 알아봐야 한다.

의학기술의 발달과 함께 다양한 최신 간암 치료법도 속속 나오고 있다. 전통적인 간암 치료법인, 암이 있는 간 부위를 떼어내는 간절제술과 타인의 간을 붙여주는 간이식 수술도 끊임없이 업그레이드되고 있다.

경동맥화학색전술도 마찬가지다. 경동맥화학색전술은 간절제술이나 간이식 수술을 하기 어려울 만큼 암의 크기가 너무 크거나 암의 개수가 너무 많을 때 시도하는 치료다. 전통적인 방법은 간 내의 암세포를 먹여 살리는 간동맥에 기름 성분의 색전물질(리피오돌)을 주입해서 혈액이 들어가는 것을 차단하고, 항암제를 같이 넣어서 암세포를 사멸하는 것이었다. 요즘은 항암 효과를 높이기 위해 경동맥화학색전술을 할 때, 색전 물질 대신 작은 구술(미세구)을 넣는 치료를 하기도 한다. 미세구는 항암제를 지속적으로 방출하기 때문에 한 번 항암제를 넣고 끝나는 기존 치료보다 항암 치료 효과가 더 높다. 전통적인 경동맥화학색전술보다 미세구를 이용한 경동맥화학색전술의 치료 효과가 더 높다는 서울성모병원의 연구 결과가 있다. 요즘은 간암의 치료 효과를 높이기 위해 색전 물질 대신 특정 금속을 넣는 방사선색전술까지 새롭게 시도되고 있다. 색전술은 간암의 크기가 작을 때는 간절제술과 비슷한 효과를 내기도 할 만큼 효과적이며, 앞으로도 변신이 기대되는 치료법이다.

고주파열 치료도 간암 치료에 요즘 주목할 만한 효과를 낸다고 보고된다. 초음파나 CT(컴퓨터단층촬영)로 정확한 암 부위를 찾아서 가느다란 바늘을 찔러 넣고 고주파열을 내서 암을 태워 죽이는 치료인데, 작은 크기의 암은 수술을 한 것과 마찬가지의 효과를 낸다고 한다.

알코올 주입술도 나름 업그레이드됐다. 알코올 주입술은 초음파를 보면서 주사바늘을 정확한 간암 부위에 찔러 넣은 다음, 순수 알코올, 초산 용액, 생리식염수 같은 암조직을 죽일 수 있는 물질을 주입하는 치료다. 최근에는 홀미움-키토산화합물 주입술이 시도되고 있다. 알코올 주입술은 여러 번 해야 효과를 보는데, 홀미움-키토산화합물 주입술은 한 번 시술로 뛰어난 효과를 볼 수 있다. 홀미움-키토산화합물 주입술은 알코올 대신 방사선 물질 홀미움과 천연 물질 키토산을 주입하는 것이다. 키토산은 홀미움이 암덩어리 내에 머물러있게 하는 역할을 맡는다.

간암에는 표적항암제도 개발되어 있고, 고용량의 방사선을 쐬는 방사선치료도 요즘 시도되고 있다. 표적항암제를 복용한 말기 간암 환자의 생존 기간이 44%까지 연장됐다는 임상 연구 결과가 있다. 고용량 방사선 치료는 방사선수술이라 불릴 만큼 수술과 같은 효과를 기대할 수 있는 치료이다.

이런 모든 종류의 치료가 모든 병원에서 가능한 것은 아니다. 병원의 의료진과 인프라에 따라서 치료법이 다른 만큼, 처음 병원을 선택할 때 여러 가지 치료로 간암 치료 가능성을 높일 수 있는 병원을 선택하자.

4장

망가진 간,
디톡스가 필요해

병든 간, 어떻게 디톡스 하나

간이 병들었을 때만큼 간 디톡스가 필요한 때는 없다. 하지만 망가진 간의 디톡스 방법은 간이 건강할 때와 조금 다르다. 인체 공장 '간'이 제 기능을 할 수 있게 우리가 지금 당장 무엇을 해야 하고, 망가진 간을 더 망치지 않게 무엇을 삼가야 하는지 알아본다.

병든 간, 하루 3끼 소식 필수

간이 망가지면 그 만큼 우리 몸의 영양분 저장고가 폐쇄된다. 그러면 평소처럼 먹어도 급격하게 혈당이 올라가고, 몸 곳곳에 지방이 더 많이 쌓인다. 간질환이 있는 사람이 하루 3끼 소식이 필요한 이유다.

만성 간염, 간경변, 간암 같은 간질환을 앓을 때는 평소보다 많은 열량의 음식을 섭취해야 하지만 결코 한꺼번에 많이 먹어서는 안 된다. 하루 3끼 소식으로 부족할 때는 간식으로 보충하는 지혜가 필요하다. 하루 3끼 식사, 3끼 간식이 알맞다.

　　소식할 때 중요한 것은 식탁의 영양균형을 맞추는 것이다. 간세포가 죽은 만큼 건강한 간세포는 더 많은 일을 해야 하고 또 간은 재생하려고 한다. 때문에 간은 평소보다 더 많은 영양분을 필요로 한다. 이러한 때에 영양소가 골고루 들어오지 못하면 간은 제대로 일하기 어렵게 되고 간세포 재생도 잘 되지 않아 회복이 어려워진다. 따라서 간 질환자는 탄수화물, 단백질, 지방, 비타민, 무기질이 고루 배합된 식사를 해야 한다. 물론 간기능이 떨어지거나 간세포 파괴가 심할 때는 평소보다 단백질이 많이 필요하기는 하다. 그렇더라도 지나치게 단백질을 많이 먹으면 다른 영양소와 균형이 깨져서 오히려 역효과가 난다. 간이 나빠 소식이 필요할 때도 5대 영양소가 고루 채워져야 한다는 원칙에는 변함이 없다.

간질환을 극복하는 식탁 차리기

아픈 간에 부담을 주지 않고, 간의 재생을 돕는 식사는 간 질환자의 회복에 필수적이다. 이런 식사는 간질환의 특성에 따라 조금 다르다.

비알코올성 간질환

만성 간염, 간경변, 간암 같은 다른 간질환과 다르게 비알코올성 지방간, 지방간염은 고열량이 필요치 않다. 오히려 적정 열량 이하로 섭취를 해야 한다.

비알코올성 간 질환자는 특히 탄수화물 섭취를 줄일 필요가 있다. 간이 건강할 때의 탄수화물 권장량은 하루 필요 열량의 55~70%이나, 비알코올성 간질환이 있을 때는 50~60% 정도가 적당하다. 초콜릿, 사탕, 과자, 빵, 과일주스 같은 당류 음식에서 가능한 탄수화물 섭취를 줄이고, 이런 음식 섭취는 되도록 삼간다.

알코올성 간질환

술 탓에 간질환이 생긴 사람은 보통 영양 결핍이 있게 마련이다. 술은 영양가 없이 칼로리만 높기 때문에, 알코올성 간질환이 심할수록 영양결핍 정도가 심하다.

알코올성 간질환일 때는 특히 단백질과 비타민이 더 많이 필요하다. 간세포가 많이 파괴될 때는 평소보다 단백질 소모량이 많다. 따라서 식탁에서 단백질을 충분히 보충해줘야 한다. 이때는 살코기, 생선, 두부, 콩, 달걀, 우유 같은 양질의 단백질 섭취가 권장된다. 비타민도 마찬가지다. 비타민이 부족하면 간기능이 떨어지고, 인체 면역력과 암 억제 기능이 약화된다. 항산화 성분이 많이 든 비타민이 부족하지 않게 식탁을 채우면 간이 빨리 회복된다.

간염

간에 염증이 있을 때는 단백질이 풍성한 식탁을 차려야 한다. 몸 안에 염증이 있을 때는 단백질 소모량이 크게 늘어나는 데다 아픈 간은 단백질을 충분히 생산해 내지 못하기 때문이다. 건강한 사람은 하루 필요 열량의 15~20% 정도를 단백질로 채우면 되지만, 만성 간염 환자는 20~50% 정도를 단백질로 채워야 한다. 단백질 양을 늘리지 않고 평소대로 먹다간 정상인에 비해 20~30%가량 단백질이 부족해져서 간세포 재생이 어려워지고, 근육 속 단백질이 빠져나가 전반적인 신체 건강마저 위태로워진다. 간염일 때는 또한 고열량 식단이 필요하다. 건강할 때에 비해 에너지 소모가 많기 때문에 심한 육체노동을 할 때처럼 먹을 필요가 있다. 표준체중을 기준으로 1kg에 약 35~40kcal가 되게 하루 식단을 짠다.

간경변

간경변 합병증이 없을 때는 간경변의 원인 질환에 맞춰 식단을 꾸린다. 하지만 간경변 합병증이 생겼을 때는 합병증 특성에 맞게 식단을 변경해야 한다.

▶ 복수-우선 배에 물이 차면 염분과 함께 수분을 제한해야 한다. 복수가 안 찼을 때는 하루 10g 소금 섭취를 권하는데, 복수가 차면 하루 3~5g의 소금만 섭취해야 한다. 수분 섭취도 하루 1리터로 제한한다. 복수가 있을 때는 수분을 덜 섭취해야 배에 찬 물이 조금이라도 빨리 빠지기 때문이다.

▶ 위식도정맥류-음식을 먹을 때 팽팽하게 늘어난 위식도의 혈관을 자극하지 않도록 부드러운 음식을 먹는다. 특히 마른오징어, 견과류 같은 딱딱한 음식은 피해야 한다. 현미, 생채소 같은 거친 음식도 좋지 않고, 힘줄이 많은 고기 같은 질긴 음식도 피한다.

▶ 간성혼수-의식이 있을 때는 식사가 가능한데, 이때는 하루 단백질 섭취량을 1kg 당 0.5~0.6g으로 줄여야 한다. 치즈, 닭고기, 버터, 햄, 소시지, 베이컨 같은 음식으로 단백질을 채우는 것도 삼간다. 되도록 두부, 두유, 고구마, 토란, 호박, 당근, 시금치 같은 음식으로 단백질을 채운다.

표준체중 구하는 법
남성의 표준체중(kg) = 키(m) ×키(m)×22
여성의 표준체중(kg) = 키(m) ×키(m)×21

간암

간염일 때와 유사하게 고열량, 고단백, 고비타민 식단을 꾸리면 된다. 간암에 좋다고 해서 민간에서 좋다는 음식 한 가지를 대량으로 먹기도 하는데, 그것은 가장 피해야 할 일이다. 인삼, 홍삼, 미나리, 굼벵이, 다슬기, 인진쑥, 가시오가피, 헛개나무, 상황버섯, 영지버섯 등의 엑기스나 녹즙, 생간을 계속 먹는 일도 권하지 않는다. 생간은 기생충이 있을 수 있어서 세균 필터 능력이 떨어진 간에 치명적이다.

간암일 때 역시 5대 영양소가 골고루 든 식단을 짜야 한다. 현미, 잡곡, 통밀, 율무, 팥, 수수, 보리, 살코기, 생선, 두부, 콩, 달걀, 영지버섯, 표고버섯, 양송이버섯, 미역, 파래, 김, 부추, 돌미나리, 브로콜리, 시금치, 고춧잎, 당근, 케일, 알로에, 피망, 샐러리, 양배추, 더덕, 마늘, 콩나물, 숙주, 무, 양파 같은 식재료에 알찬 영양 성분이 많이 들어 있다.

충분한 휴식으로 몸의 피로를 줄여라

간질환을 앓는 사람은 "쉬라"는 말을 가장 많이 듣는다. 몸이 지치면 간 건강이 악화되기 때문이다. 하지만 '쉬라'는 말을 간 질환자마다 다르게 해석한다. 그럼 간 질환자는 어떻게 쉬어야 하는 것일까?

피로와 스트레스는 제대로 풀어라

간염으로 인해 황달이 생기고 극도의 피로감을 느낄 때는 하루 종일 누워서 쉬는 것이 좋다. 밥 먹고, 씻고, 화장실에 가는 것 외의 모든 활동을 자제하고, 말 그대로 침상에 계속 누워있는 것이다. 숨이 찰 정도로 복수가 차거나 위식도정맥류 출혈 같은 간경변 합병증이 있을 때도 마찬가지다.

이 같은 경우가 아니라면 간이 나쁘다고 계속 누워 있지 않는다. 하루 잠을 7~8시간 이상 푹 자고, 몸이 무리할 정도의 일을 줄이며, 산책, 자전거 타기 같은 가벼운 운동을 하는 정도가 적당하다. 더불어 며칠을 계속 야근하거나 스트레스가 심한 일을 계속 하는 것은 절대 삼간다. 일을 적절하게 배분해도 어쩔 수 없이 일하는 시간이 길어질 때는 일 중간 중간 20~30분간의 휴식시간을 만들어 충분히 쉰다. 휴식을 취할 때는 가능한 휴대폰을 꺼놓고 편히 눕는다. 눕는 자세가 간에 혈액이 많이 가게 하므로 간 건강에 이롭다.

하루 8시간 이상을 푹 자도 피로가 풀리지 않는 간 질환자는 지금 제대로 휴식을 갖지 않는 것이다. 이때는 쉬는 시간을 조금 더 늘리고 일을 줄이는 지혜가 필요하다.

간 질환자는 평소 수면 건강에도 신경을 써야 한다. 매일 7~9시간 충분히 자는 것과 더불어 밤 10시 이전에 자야 한다.

면역력을 올려주는 호르몬인 멜라토닌과 세포 재생, 지방 연소, 단백질 합성 효과를 내는 '성장호르몬'은 밤 10시부터 새벽 2시 사이에 잠을 자야 왕성히 나온다.

간 질환자는 스트레스 해소에도 각별히 관심을 쏟아야 한다. 극심한 스트레스는 간에 있는 작은 불씨를 활활 타오르게 하는 휘발유나 다름없기 때문이다. 스트레스 수준이 높으면 심호흡으로 몸과 마음을 먼저 이완한다. 그리고 '내 간을 망가뜨릴 만큼 심각한 문제인지' '내가 스트레스를 받는다고 바뀔 것인지' 생각해보는 시간을 갖는다. 스트레스를 객관적으로 평가하는 것만으로 상당수 스트레스가 해소된다. 스트레스가 심하면 적극적으로 해결책을 찾는다. 업무를 조정하고, 명상이나 요가, 산책, 취미생활로 스트레스를 해결하는 것이다. 스트레스가 풀리지 않는다고 해서 간 질환자가 과식과 술, 담배를 하는 일은 절대 없어야 한다.

담배와 술은 절대 금한다

망가진 간에 술과 담배를 더하면 불난 집에 기름을 붓는 일이 된다. 술과 담배 속 독성 물질이 망가진 간을 더 심각하게 훼손하는 일을 하기 때문이다.

더구나 인체 공장 '간' 일부가 부분 폐쇄된 상태이기 때문에 술과 담배를 더하지 않아도 간은 일이 많다. 그런데 여기에 술과 담배의 독성 물질을 해독하는 일까지 맡기면 간에는 과부하가 걸린다.

따라서 간 질환자는 술과 담배를 끊어야 한다. 도저히 어쩔 수 없는 상황일 때는 최대한 줄이려는 노력이 필요하다. 술의 경우는 하루 적정 수준의 알코올 10~20g을 섭취하는 것이라도 이후 3~4일 금주는 반드시 지킨다.

간이 황달이나 급격한 체중 감소, 극심한 피로 같은 이상 신호를 보낼 때는 결코 술과 담배에 손대지 않는다.

약과 건강식품은 주치의와 꼭 상의하기

간질환을 앓을 때는 면역력이 떨어지기 때문에, 크고 작은 병에 걸리기 쉽다. 그래서 약이 필요할 때가 많은데, 약을 대사하는 간에 문제가 있기 때문에 주의해서 약을 복약해야 한다.

똑같은 효능의 약이라도 간에 미치는 영향은 약마다 다르다. 때문에 간 질환자는 되도록 간에 무리가 적은 약을 처방받아야 한다. 진료를 받을 때, 간질환을 앓는다는 사실을 알려주면 의사가 되도록 간에 무리가 적은 약을 처방해 준다.

의사에게 간질환 병력을 알려야 하는 또 다른 이유가 있는데, 약의 용량 때문이다. 간이 나쁠 때는 약을 대사하는 간의 능력이 떨어져서 간이 건강할 때보다 약의 농도가 올라간다. 약은 적정 농도를 넘어서면 오히려 몸에 나쁘다. 더구나 쓸데없이 더 많은 양의 약을 먹는 것이 되기 때문에 약을 대사하는 간에 무리를 준다.

간질환이 있으면 약국에서 쉽게 살 수 있는 약이라도 조심해서 복용한다. 이때는 약사에게 간질환이 있음을 밝히고 약을 구입한다. 불필요하게 약을 복용하거나 과량 복용하는 일도 금한다.

간질환 때문에 약을 복용할 때는 반드시 주치의와 상의한다. 간 질환자를 위한 건강식품도 반드시 주치의와 상담 후 섭취 여부를 결정한다. 특히 고가의 민간약제, 보약, 엑기스, 즙에 혹하지 말자. 민간요법에라도 의지하고 싶은 심정은 충분히 이해하지만, 과학적으로 입증되지 않은 건강식품을 섭취하다가 독성 간염이 걸려서 사망할 수도 있기 때문이다. 식품의약품안전처 같은 믿을만한 기관에서 인정한 간 건강에 도움이 되는 건강기능식품도 주치의와 상담 후 섭취 여부를 결정한다.

체중 조절은 선택 아닌 필수

과체중 이상의 간 질환자는 체중 감량이 선택이 아닌 필수다. 간에 지방이 끼어 있으면 간세포에 혈액순환이 잘 되지 않아 간 기능이 떨어질 수밖에 없기 때문이다. 비알코올성 지방간염 환자는 간 내 지방을 줄이고 염증을 가라앉히기 위해 현재 체중의 10% 이상을 감량할 필요가 있다. 감량 속도는 한 달에 2~3kg 정도가 적당하다.

살을 빼야 하지만 무조건 굶는 다이어트는 금물이다. 자신의 표준체중에 맞는 열량을 섭취하면서 운동을 병행하는 것이 간 질환자의 살빼기 기본이다. 그러나 운동을 해본 적이 없고 음식 조절도 어려운 간 질환자는 무리하게 운동과 음식조절을 병행 해서 스트레스를 배가하지 않는다. 처음 8주간은 운동만으로 살 을 빼고, 운동에 익숙해진 8주 뒤부터 음식조절을 병행하는 것 이 오히려 체중 감량에 성공하기 쉽다. 체중이 5kg가량 빠지고 몸 여기저기에 근육이 생긴 8주 뒤부터는 밥을 한두 숟가락씩 줄여나가는 것만으로 체중 감량 효과를 톡톡히 볼 수 있다.

정상 체중이어도 뱃살이 심하게 나온 사람은 간 디톡스를 위 해 다이어트가 필요하다. 현재 식단에서 고지방, 고탄수화물 섭 취를 줄이고, 운동을 통해 뱃살을 뺀다.

운동은 기분 좋은 수준으로 끝내라

망가진 간을 회복하는데 운동은 필수다. 운동은 간질환으로 필터 기능이 떨어진 간의 면역력을 강화하고, 간 내 혈액순환을 원활히 해서 간기능 회복과 간세포 재생에 도움을 준다. 비알코올성 간 질환자가 운동을 하면 근육이 강화되고 지방이 줄어드는 효과를 본다. 인슐린 저항성도 줄어든다.

그렇다고 간 질환자가 무리하게 운동을 해서는 안 된다. 운동한 뒤 지쳐서 기운이 기분 나쁠 정도로 쳐지면 무리한 운동이라 할 수 있다. 간이 나쁠 때 운동보다 휴식이 우선임을 잊지 말자. 게다가 무리한 운동은 활성산소와 스트레스호르몬 분비로 간 건강을 더 악화시킨다.

운동은 유산소운동과 무산소운동 2가지를 병행한다. 간이 좋지 않을 때는 달리기 같은 강도 높은 유산소운동과 역기 들기 같은 과도한 무산소운동은 피한다. 대신 숨이 조금 찬 정도 혹은 노래를 가볍게 흥얼거릴 수 있는 정도의 유산소운동과 무산소운동을 한다. 간경변 합병증인 위식도정맥류가 있는 줄 모르고 간 질환자가 무리하게 역기를 들면 정맥류가 터질 수도 있다. 운동은 저강도로 하고, 항상 기분 좋은 수준으로 끝내자.

한국인의 간 디톡스

ⓒ김경원, 2015

초판 1쇄 발행일 2015년 12월 2일
초판 2쇄 발행일 2016년 1월 5일

지은이   김경원
펴낸이   배문성
마케팅   김영란
디자인   형태와내용사이

펴낸곳   나무+나무
출판등록   제2012-000158호
주소   경기도 고양시 일산서구 송포로 447번길 79-8(가좌동)
전화   031-922-5049
팩스   031-922-5047
전자우편   likeastone@hanmail.net

ISBN 978-89-98529-09-3 03690